于瀛海 / 著

写给青少年的
极简古希腊史

责任编辑：程 扬
责任印制：李未圻
封面设计：颜 森

图书在版编目（CIP）数据

写给青少年的极简古希腊史 / 于瀛海著. --北京：华龄出版社，2017.10
ISBN 978-7-5169-1107-5

Ⅰ. ①写… Ⅱ. ①于… Ⅲ. ①古希腊－历史－青少年读物 Ⅳ. ①K125-49

中国版本图书馆CIP数据核字（2017）第257213号

书 名：写给青少年的极简古希腊史
作 者：于瀛海 著
出版发行：华龄出版社
印 刷：三河市东兴印刷有限公司
版 次：2018年3月第1版 2019年9月第2次印刷
开 本：660×960 1/16 印 张：14
字 数：160千字
定 价：32.00元

地 址：北京市朝阳区东大桥斜街4号 邮编：100020
电 话：84044445（发行部） 传真：84049572
网 址：http://www.hualingpress.com

责任编辑：程　扬
责任印制：李未圻
封面设计：颜　森

图书在版编目（CIP）数据

写给青少年的极简古希腊史 / 于瀛海著. --北京：华龄出版社，2017.10
ISBN 978-7-5169-1107-5

Ⅰ. ①写… Ⅱ. ①于… Ⅲ. ①古希腊－历史－青少年读物 Ⅳ. ①K125-49

中国版本图书馆CIP数据核字（2017）第257213号

书　　名：写给青少年的极简古希腊史
作　　者：于瀛海　著
出版发行：华龄出版社
印　　刷：三河市东兴印刷有限公司
版　　次：2018年3月第1版　　2019年9月第2次印刷
开　　本：660×960　1/16　　**印　　张**：14
字　　数：160千字
定　　价：32.00元

地　　址：北京市朝阳区东大桥斜街4号　　**邮编**：100020
电　　话：84044445（发行部）　　**传真**：84049572
网　　址：http://www.hualingpress.com
（如出现印装质量问题，调换联系电话：010-82865588）

光荣属于希腊

王尔德曾说："我们现代生活中的一切都受惠于古希腊人。"难以想象，在那片被埃及和近东文明包围的贫瘠小岛上，竟然能孕育出如此璀璨的文化。

古老的希腊半岛，犹如黑夜中的一盏明灯，照亮了人类蒙昧的童年。那里有神圣的奥林匹斯山，宙斯就在山顶俯视着整个人间；有翠绿繁茂的橄榄树，荷马就坐在树下弹奏着竖琴，讲述乱世英雄与佳人的悲欢。那里有气势恢宏的神庙，人们在庙堂上为祭拜神灵而狂欢畅饮；有宽阔的露天剧场，观众在看台上完成心灵的净化或情绪的放松。那里有马拉松遗址，希腊人用智慧和勇气挫败了气势汹汹的波斯帝国；有险隘的温泉关，斯巴达勇士视死如归，直到最后一人倒在战场上……多少可赞可叹的成就，多少可歌可泣的往事，那是一个文学与哲学、雕塑与建筑、科技与政治全面辉煌的时代，也是一个刻画英雄、抒写个性、高唱自由的时代。

如果说古希腊并没有消亡，那么它一直用自己的文明潜移默化地影响着整个欧亚大陆；如果说古希腊已经消亡，那么它在垂死之时仍然蓬勃延续了几个世纪，当它死亡时，它为后世留下了一笔无可比拟的遗产。

每一处古希腊殖民地都传承了母邦的思想艺术精髓，西班牙、意大利、埃及、小亚细亚等地无不在希腊文明甘露的滋润中成长壮大。而罗马用武力征服希腊后，又反而被希腊的文明所征服。此后，它的每一次扩张都传播了希腊文明的火种。拜占庭是希腊文明与欧洲文明的结合，经由它，部分希腊遗产向北传入斯拉夫民族。叙利亚的基督徒也将文明的火炬带到了阿拉伯，再经由阿拉伯人传到非洲与西班牙。正是由于拜占庭和阿拉伯学者将希腊经典译成意大利文，才有了此后的文艺复兴狂潮。

希腊文明也并非高高在上。希腊人的遗产与我们每个人的生活息息相关。我们在其中受教的小学、中学和大学，体育馆、运动场和运动会都源自希腊。现今的手工制造、采矿技术、工程原理、政治制度、劳工组织、工伤法规等，都是希腊经由罗马传给我们的。无论民主政治与独裁政治，都是对古希腊的沿袭；公民享有思想、言论、写作、集会、信仰等自由权利的观念，也是受了希腊精神的启发。

文明不会死亡，只会迁徙。当它依附的国家和土地不再完整时，文明还会以其他方式继续生存。希腊的遗产太多，以至于我们终其一生都不能完全领会。诚然，希腊也有它的弱点，它疯狂而无情地发动战争，它和其他民族一样保有奴隶制度，它的女性永远是男性的附属，它的个人主义过于腐朽，它的自由未能与秩序达成平衡。

但真正热爱自由、专心审美的人是不会介意这些的。当他们从遥远的希腊半岛上，听到荷马的吟唱、梭伦的呼声，听到苏格拉底的当庭申辩、伯里克利的葬礼演说，听到亚历山大的进军号角、阿基米德的临终请求，他们会为这些人的存在而心潮澎湃，并感谢能在历史长河中发现如此明丽的倒影，愿意穿越世纪的风沙向他们一一致敬。他们将把希腊视为西方文明的第一道曙光，因为它为所有的后来人提供了生命的给养。

目 录

CONTENTS

序 篇
神话里走出的国度

第一篇

文明从爱琴海升起

第二篇

群星闪耀的希腊半岛

第三篇 悲欢起伏的峥嵘岁月

序 篇

神话里走出的国度

希腊神话是人类美丽伟大的诗篇，具有不朽的魅力。

——马克思

第一章　诸神的天空

希腊众神的社会是一个松散的结合体，他们只有神力的区别，而没有严格的等级制度和礼教约束。神与神之间的战争与和平、英勇与懦弱、爱情与诡计、美德与奸诈、忠诚与背弃，都是人类文明进程中的永恒主题。

奥林匹斯山上的众神

希腊神话中，一半是天上神明，一半是乱世英雄，共800多位。希腊众神行走人间，爱争吵，也爱风流，更喜欢戏弄人类，却从不会触犯天规。他们的故事和古希腊的历史紧密交织，无处不在。

太初混沌，首先诞生的是大地之神该亚。该亚生下了天神乌拉诺斯，又与乌拉诺斯结合生出12位泰坦神。“泰坦”在英语中的意思是“巨大的、了不起的”（希腊语音译作“提坦”）。所以，20世纪初那艘著名的游轮泰坦尼克号，它的名字意为“强大而永不沉没的船”。12位泰坦神是六男六女，个个都力大无穷，恐怖狰狞。该亚还生了更厉害的3个独眼巨人和3个百臂巨人，因为他们很讨厌自己的父亲，就被气愤的乌拉诺斯关进了地狱。

第一代神和第二代神的原始世界就此形成了。

天神乌拉诺斯是最高统治者。他怕儿女们夺权，就狠心地把他们统统关了起来。但该亚爱子心切，帮助最小的儿子克洛诺斯解救了其他子女。随后，乌拉诺斯的统治被大家联合推翻，克洛诺斯登上宝座。

为王的克洛诺斯娶了自己的姐姐瑞亚，现在轮到他担心孩子们造反了。瑞亚每生下一个孩子，克洛诺斯就吞掉一个，把危机扼杀于萌芽中。直到第六个孩子出世，他分外可爱的模样唤起了瑞亚被压抑许久的母性。瑞亚用了一招“狸猫换太子”，把一块用布包裹的石头送给丈夫吞下。

这幸存的孩子被唤作宙斯。长大后的宙斯一心为同胞复仇，在父亲的酒中投入魔药。克洛诺斯喝后大吐特吐，把宙斯的哥哥姐姐都吐了出来，他们是波塞冬、哈得斯、德墨忒尔、赫斯提亚和赫拉。兄弟姊妹六人联手展开了对父辈的暴力统治的挑战，又一次“宫廷政变”开始了。但宙斯一方势单力薄，法力不强，武器不硬，常常被泰坦神族追击得四处逃窜。撑了10年，这场战争还是看不到结果。

终于，在普罗米修斯的提议下，宙斯去地狱放出了独眼巨人和百臂巨人。他们为了报答宙斯而奋力助战。3位独眼巨人还是专业的武器制造家，为宙斯打造了霹雳，为波塞冬打造了三叉戟，为哈得斯打造了隐身头盔。年轻的众神作战实力有了质的飞跃。反攻的时刻到了！哈得斯戴上隐身头盔，溜进泰坦神族后方，将它们的武器全部捣毁。3位百臂巨人伸出数百只手，同时向敌人抛掷巨石；三兄弟手持崭新锐利的武器势不可当，更有姐妹们的鼎力相助和独眼巨人的有力后盾。天地间经历了激烈而持久的厮杀，宙斯一方终于赢得了巅峰较量的胜利。

为了避免争权夺利的继续，兄弟姐妹通过抓阄分配职位。

宙斯做了天神，掌管最高权力。他的哥哥波塞冬做海神，哈得斯做冥神，他的姐姐赫斯提亚做灶神，德墨忒尔做农神。还有一个姐姐被宙斯娶为妻子，她就是天后赫拉。以宙斯为首的新秩序确立了。之前的两代神称为“老神”，这第三代以后便称为“新神”。

身为众神之王，宙斯可以呼风唤雨，主宰人间祸福兴衰。他生性风流，天上人间处处留情。所以他的儿女满世界都是，都成了神明或英雄。

宙斯的第一个妻子并不是赫拉，而是智慧女神墨提斯。他们结合生下的雅典娜也是一位智慧女神。她曾为雅典城提供了象征和平富足的橄榄树，并以自己的名字为其命名，由此成为雅典的守护神。

宙斯又和记忆女神摩涅莫绪涅生下了9位文艺女神缪斯，她们常为文学家和诗人带来创作的源泉。

黑夜女神勒托为宙斯生下了一对光影孪生兄妹，太阳神阿波罗和月神阿尔忒弥斯，相当于中国神话中的羲和与望舒。

天后赫拉是宙斯的第七个妻子，有3个孩子：容貌姣好的青春女神赫柏、为战争而生的战神阿瑞斯，还有火神与工匠神赫淮斯托斯，因为他长得丑，最初还遭到母亲的遗弃。

山林仙女迈亚为宙斯生下了神使赫尔墨斯，他脚生双翼，速度如飞，常在众神中传递消息。

伊娥和宙斯恋爱，被赫拉追逃到埃及，生下了儿子厄帕福斯，也就是埃及第一任国王。显然希腊人已经把埃及当作自己的附属国，甚至欧洲也被“希腊化”了。宙斯遇到了腓尼基公主欧罗巴，穿越大海，把她骗到一块陆地上，后来那片土地就叫欧罗巴，也就是今天的欧洲。

偶尔，威风凛凛的宙斯在情场上也会失意。阿弗洛狄忒就是他可遇不可求的一位美女，这可是楚楚动人的爱与美之女神，她在古罗马神话中叫维纳斯。罗马人既喜欢美丽的希腊神话，又不想侵犯希腊人的知识产权，就为那些神改了名字，名正言顺地当作自己的神话。很多行星的名字就来自罗马人的重命名。比如，最大的木星就是最高首领朱庇特（宙斯），血红的火星就是好斗的战神玛尔斯（阿瑞斯）。

宙斯带着众位新神在奥林匹斯山上安营扎寨。这是希腊最高的山，山峰高耸入云，他们就住在云海之上的仙境中，所以也被称为“奥林匹斯众神”。其中有12位主要神祇，还有不少像缪斯这样次要却著名的神，山林间的精灵仙子更是多得数不清。

希腊人向众神祈祷，献祭，卜问未来。神也很喜欢掺和凡尘之事。有时，他们会根据自己的意愿降祸赐福。有时，神人恋爱而生的后代就成为世间英雄。有时，城邦之间的战争就是神与神的战争。他们唯一区别于人类的，就是拥有不朽的生命。

【相关链接】

缪斯女神

缪斯是希腊神话中9位专司文艺和科学的女神的通称。她们最初是赫利孔山上守护泉水的水仙，后来又尊阿波罗为她们的首领。当众神举办宴会时，缪斯总是载歌载舞，弹琴赋诗，各司其职。所有的诗人、艺术家都受其保护，她们总能激发人的灵感和创造力，也被称为“第六感女神”。

被缚的普罗米修斯

是谁？让漫漫黑夜跳跃希望的火苗？
是谁？让蛮荒时代沐浴文明的曙光？
是谁？甘愿触犯天条也要救人类于水火？
是谁？身受酷刑却无怨无悔？
啊！巨人，是你给人类带来火种。
送来光和热，
送来人类新的纪元！

——雪莱《普罗米修斯赞歌》

在宙斯与泰坦神大战之时，有一位泰坦神后裔没参与这场战争。和暴躁凶恶的父辈们不同，这位神明性格温和，热爱自然。他厌恶争斗，便离群索居，过着清静的生活，也因此躲过了宙斯夺权后对泰坦神的惩罚。他就是人类文明的使者普罗米修斯。他的名字意为“先见之明”，足以见得他过人的智慧。

神界10年大战结束了，天地间又恢复了安宁。普罗米修斯按照神的模样用水和土创造了人类，并教给他们耕种、狩猎等生存技能。但人类仍然被黑暗和严寒所困扰。普罗米修斯向宙斯请求赐给人类火种，被宙斯一口回绝。睿智的普罗米修斯就从太阳神车车轮的火焰里偷来火种，带到人间。

夜里，宙斯看到山下一片火光，才得知是普罗米修斯所为。他大发雷霆，决定严惩普罗米修斯和人类。

宙斯先让儿子火神赫淮斯托斯用黏土造了一个女人，取名潘多拉。受众神所赐，潘多拉容貌娇美，姿态婀娜，散发着迷人的香气，精通繁复的编织技艺。随后，每位神明都拿出一样对人类有害的东西，收在一个盒子里，交到潘多拉手中，让她带到人间。美人潘多拉找到普罗米修斯的兄弟厄庇墨透斯。普罗米修斯曾告诉他不要接受宙斯的礼物，但他心地单纯，又被美色冲昏了头脑，不仅接受了礼物，还把潘多拉娶为妻子。一天，潘多拉趁丈夫不在家，偷偷打开了盒子，所有的祸患都飞了出来。还没等最底下的“希望”飞出，潘多拉就惶恐地盖上了盖子。后来，人们就用“潘多拉的盒子”来比喻“灾难之源”。

大地上遍布瘟疫与灾祸，人类饱受折磨。这回，他们的父亲普罗米修斯也不能拯救他们了。

原来，宙斯又派赫淮斯托斯去抓普罗米修斯。赫淮斯托斯带领两个仆从威力神和暴力神，将普罗米修斯用铁链拴住，带到遥远的高加索山上。普罗米修斯奋力挣脱，但抵不过二神的力量，被绑在寒风凛冽的峡谷。赫淮斯托斯钦佩普罗米修斯的正义与勇气，动了恻隐之心，但又不敢违背父亲的命令，转而劝说普罗米修斯向宙斯臣服悔过。普罗米修斯蔑视这种苟且偷生的行为，毫不妥协。赫淮斯托斯无奈，只好在普罗米修斯胸口钉下一枚金刚石的钉子，把他永远固定在山崖上。

他们离去后，荒凉的高加索山上就再也没有其他生命痕迹了，这里不长花草，不生鸟兽。普罗米修斯对着苍穹长啸，他谴责宙斯的残暴与专横，哀叹人类的可怜与弱小，既而感喟自己的遭遇，他只因怜悯人类，爱护人类，就受到了这般严厉的惩罚。宙斯想要将人类彻底毁灭，而只有普罗米修斯敢于反抗，守护着大地上脆弱的生命。

孤独而坚毅的普罗米修斯选择了承受痛苦。他无法入睡，不能饮食，忍受着风吹日晒，始终被一条无法挣脱的铁索束缚。

在这片死寂中，每天如期而至的神鹰并不能给普罗米修斯带来安慰，相反它是奉宙斯之命前来啄食普罗米修斯的肝脏的。神鹰从高空俯冲而下，凶神恶煞地抓住普罗米修斯的躯体。被吃掉的肝脏在夜里又重新生长出来，神鹰便日日袭来，让普罗米修斯的痛苦永无止境。

直到后来，英雄赫拉克勒斯寻找金苹果时，路过高加索山，射落了神鹰，普罗米修斯才被救下，重获自由。只是，爱面子的宙斯仍将一只铁环铐在普罗米修斯手上，上面镶着一片高加索山崖的岩石，以显示对普罗米修斯的惩罚还没有结束。

普罗米修斯为人类的生存和幸福做出了重大牺牲，他是人类的守护神，象征着追求自由与解放的斗志永不熄灭。传说中，他的后人也对人类的发展起着重要作用。宙斯从不放弃毁灭人类的念头，后来他向人间发了一场史无前例的滔天洪水。一切都被淹没了，只有普罗米修斯的儿子丢卡利翁和儿媳皮拉幸存于世。他们在一块陆地上重新扎根生活。在神谕的指导下，他们丢出的石子变成了人类，他们的儿子希伦后来成了希腊人的祖先。

【相关链接】

赫拉克勒斯

赫拉克勒斯是希腊神话中伟大的半神英雄。众神之王宙斯与凡间皇后阿尔克墨涅的儿子，又名海格力斯。他神勇无比，力大无穷，生前完成了12项英雄伟绩。他还帮助伊阿宋觅取金羊毛，解救了普罗米修斯。赫拉克勒斯英明一世，却最终遭小人迫害，自焚身亡，死后升入奥林匹斯圣山，成为大力神。有关他惩恶扬善、敢于斗争的神话故事，历来都是诗人作家乐于表现的主题。在今天的西方世界，“赫拉克勒斯”一词已经成了大力士的同义词。

“神二代”的拼爹下场

“你竟敢羞辱我！知道我是谁吗？我可是太阳神的儿子。”法厄同指着天空中的太阳，对同伴愤怒地说。

“哼，什么太阳神的儿子！你能拿出什么证明来吗？我看你就是个冒牌货！”

法厄同眼前的确没有什么可以证明身份的，但法厄同的确是太阳神赫利俄斯和海洋女神克吕墨涅的儿子。他满肚子委屈回到家里，决定去太阳神宫殿找自己的父亲。

金碧辉煌的宫殿里，银质的大门，象牙的飞檐，几根高大闪光的圆柱直入云霄，上面镶满了灿黄的金子和艳红的宝石。殿堂夺目的光芒让法厄同不敢走得太近。太阳神的扈从人员分两侧站立。赫利俄斯身着紫袍，头顶神光，坐在饰有翡翠的宝座上，他一眼看到了下面为宫殿气势默默惊叹的儿子。

赫利俄斯问法厄同为何而来，法厄同委屈地讲述了与同伴发生的不快，请求父亲赐予自己一样能证实身份的东西。慈爱的太阳神当然要满足他的请求，他任何时候都不会向世人否认他的爱子法厄同。法厄同终于喜笑颜开，对父亲说了最狂妄的梦想——他要一整天亲自驾驶太阳神车。

话音一落，赫利俄斯的脸色就变得凝重起来。他后悔自己前一分钟许下的承诺，驾驶太阳神车是多么危险的事情！太阳神车虽然每天准时穿过天空，但赫利俄斯每天都承担着失手的风险。路上峻峭崎岖，车轴喷射出灼热的火花。当它行到最高处时，俯视万丈之下的海洋陆地让太阳神都感到眩晕。随后陡转而下的路线中，随时都有坠落的可能。太阳神把危险一一讲给法厄同，希望他能知难而退，但兴奋的儿子毫无退缩之意，一直恳求父亲兑现承诺。

最终君无戏言，太阳神只好牵起儿子的手，来到赫淮斯托斯打造的太阳神车那里。车辕、车轴、辐条都是金色的，各种珠宝点缀其上，像太阳神的宝座一样华美高贵。此时，黎明女神已经苏醒，弯月变淡，星星凋落。时光之神把喂饱了仙草的马匹套上鞍辔。太阳神为法厄同涂了一脸神奇的膏油，以避免被焰火灼伤。一番叮咛嘱咐之后，法厄同得意地跳上了车子，留给父亲一个感激的微笑。

现在，无限宽广的世界展现在法厄同脚下，他随着矫健有力的马蹄而心神驰荡。但不久，马儿们就觉察出今天主人的不同，身上的负重减轻了，管束也放松了。很快，它们就像海浪中摇晃的船帆，带着车子在空中横冲直撞。法厄同害怕了，他忘记了父亲讲给自己的驾驭要领，不知道该向哪边拉紧缰绳，也不知道车子行到了什么地方。下面是一望无际的陆地，什么都看不清楚。四下张望，已是前无通路，后无归途。他从没见过天空中那么多的星座，奇形怪状的图案像魔鬼一样让他战栗。

法厄同脸色惨白，双腿颤抖，只感到一阵寒冷。他已经抓不住缰绳，马儿脱离轨道，一会儿向星星奔去，一会儿向地面俯冲。当车子掠过云层，云朵就开始冒烟。当车轮掠过高山，大地就开始震荡起火。很多植物被烧干了汁液，茂密的树林被烧成灰烬，庄稼地里冒出烧焦的煳味儿，城市上空浓烟滚滚……也因此，非洲的大地变成一片沙漠，埃塞俄比亚人的皮肤被烤成了黑色。

整个世界一片火光，法厄同脸上的膏油也保护不了他了。他感到焦灼难耐，好像自己穿行在一个巨大的火炉里，吸着浓烈的烟尘，承受着马匹的颠簸震动，最后连车子也被火包围了。法厄同的头发烧着了！他痛苦地从车上跌落，瞬间翻转而下，像一颗一闪即过的流星。慈悲的埃利达努斯河收留了他烧焦的遗体。

太阳神看着这悲惨的景象，收起头顶的神光，陷入深沉的悲哀。法厄同的妹妹赫利阿得斯为哥哥哭泣了整整4个月，最后化作一株杨树，守在哥哥的安葬地旁。树下美丽的琥珀，是她哀伤的泪水。

如今，“法厄同行为”成了不自量力的代名词。二战中，美国对广岛和长崎投下原子弹的行为，就被历史学家称为“法厄同行为”。盲目操纵大自然的力量，给人类造成无可挽回的灾难，这等于自取灭亡。

【相关链接】

阿波罗

太阳神阿波罗全名为“福波斯·阿波罗”，福波斯意为“闪耀者”。他从不说谎，光明磊落，也被称作真理之神。他是希腊神话中最俊美、最有才华的神祇，象征男性之美。他不仅给人类带来光明，还掌管青春、文艺、医药、音乐等。20世纪60年代，美国科学家还把登月宇宙飞船命名为“阿波罗”。

脑子里蹦出个雅典娜

“头戴头盔，左手持盾，右手持尖头矛，身披羊皮胸甲，矛尖往地一插，冒出一株深绿色的油橄榄树。”只看这段文字，你一定认为奥维德又在《变形记》中描写哪个威风潇洒的男神了。其实不然，这是奥林匹斯山上第一女神雅典娜。

雅典娜是宙斯与第一位妻子智慧女神墨提斯的女儿。宙斯家族历来是儿子反父亲，后浪拍前浪。宙斯在众人的帮助下建立神界新秩序之后，一直担心自己也会遭遇和父亲、祖父同样的命运。当他听说第一个女儿比自己更聪明，将夺取权位的时候，就千方百计阻止这个孩子的出世。于是，他把墨提斯变成一只小飞虫，一口吞了下去。不过，这并没有耽搁雅典娜的出世，墨提斯在宙斯的大脑里为女儿日夜赶制一套精良铠甲。胎儿在宙斯的头颅中继续成长，这常常让宙斯头痛欲裂。

一天，宙斯再也忍受不了，情急之下，请工匠神赫淮斯托斯把自己的脑袋劈开。赫淮斯托斯手持大斧向宙斯的脑袋劈去，霎时，一道夺目的闪电划破了黑暗。从宙斯的脑袋里蹦出个全副武装的女儿，她头戴光芒四射的金盔，身披银色铠甲，长矛在握，灰色的双眸高贵明亮，这便是智慧与正义女神雅典娜。她充分继承了父母的优点，是力量和智慧的化身。

身为正义之神的雅典娜，掌管着世间的和平。她爱憎分明，惩恶扬善，同情所有弱势群体，也厌恶一切滥杀无辜的行为。提丢斯在战争中腹部受伤，奄奄一息之时，雅典娜从父亲宙斯那里得来一种可以长生不老的药物，挽救了提丢斯的性命。但后来因提丢斯吸食敌人的脑髓，雅典娜恨之入骨，又收回了对他长生不老的恩惠，让他自生自灭。

古希腊著名的工匠代达罗斯，因嫉妒侄子佩尔迪科思高于自己的手艺，而把他推下城墙。雅典娜同情佩尔迪科思，危急之中，将他化为鹧鸪而免遭一死。

雅典城初建时，相当于奥林匹斯山的一个直辖市，那时它还不叫雅典，而是被称作阿提卡。海神波塞冬和侄女雅典娜为争取这一地区的管辖权，展开了一场竞赛。按说，雅典娜一个女流之辈是争不过波塞冬的。他们的比赛内容是，看谁能给阿提卡人提供一件最有价值的东西。

波塞冬用自己的三叉戟敲击壮阔的大海，百尺巨浪卷起千堆雪，海面上跃出一匹矫健威猛的战马。战马给大地带来了无休无止的战乱纷争，原本贫瘠的地区更加困顿不堪。雅典娜将自己的金色长矛向大地一杵，土地上立刻长出一棵绿色的橄榄树，枝头结满了果实。人们享用着美味的橄榄，榨出香浓的橄榄油，阿提卡地区获得了富足，再无争斗。宙斯组织众神评判，他们的结论是：橄榄树象征着和平，比波塞冬的战马更有利于人类的生活。于是，阿提卡地区成为雅典娜的领地，她用自己的名字将它命名为雅典，守护着雅典人就像守护自己的子女一样。

雅典娜还向人们传授手工技艺。她发明了精美的陶器，给人们增添了很多陶质器具。她为木匠发明了三角尺和直尺，教人们造船并在船头放置女神雕像，还为农人发明了犁杖和牛车。雅典娜也深受妇女崇敬，因为她教会了她们纺织技术。

不过，有一个姑娘的纺织工艺是无师自通的，她叫阿拉喀涅。她的纺织作品精美细腻，刺绣巧夺天工，连仙女们都对她的手艺赞不绝口。阿拉喀涅开始得意起来，扬言雅典娜的织绣技术都比不上自己。这话恰好被雅典娜听到了，有人挑衅自己，她当然不能客气了。

于是，雅典娜化身为一位上了年纪的老妇人，出现在阿拉喀涅必经的路上，劝诫她：虽然心灵手巧，但年轻人要学会积累经验，珍惜织绣的天赋。但阿拉喀涅依然很自满，扬言要和雅典娜当面比试。雅典娜立即现出原形，接受这个不敬女子的挑战。

两人谁都不服输，持续编织了一个月。雅典娜织出一幅奥林匹斯山众神图，阿拉喀涅织出了一幅众神相爱图。各有千秋，难分高下。此时，雅典娜向阿拉喀涅那幅图轻轻吹了口气，画卷就变成了一撮尘土。骄傲的年轻姑娘差点背过气去，她承受不住雅典娜的打击，在一棵树上上吊了。但雅典娜救回了她的生命，将她变为一只蜘蛛，永远悬在空中吐丝织网。

雅典娜的身旁有一只神鸟，原来是乌鸦，后来改为猫头鹰。在中国，猫头鹰是厄运和死亡的象征。但在西方，它代表着智慧和学识。难怪有句谚语说：到雅典，别带猫头鹰去。

【相关链接】

盾牌上的美杜莎

美杜莎是希腊神话中的女妖，原本是位美丽的少女。她和波塞冬因在雅典娜的神庙里私会，而触怒了雅典娜。但雅典娜不能惩罚伯父波塞冬，就把美杜莎变成可怕丑陋的蛇发女妖，任何看到她眼睛的男人都会立即化为石头。后来美杜莎被珀尔修斯所杀，珀尔修斯将她的头颅献给雅典娜，雅典娜把她嵌在盾牌中央，并将那双让人石化的双眼换作闪电和雷霆。

爱神也握不住自己的爱

如果说宙斯是最风流的男性神祇，那么阿弗洛狄忒就是最多情的女神了。作为爱与美的化身，阿弗洛狄忒那婀娜的体态吸引了很多男神的追求。身为爱神，她信奉恋爱自由，但也由不得自己的意志，所以她的爱情是一段悲喜交织的故事。

阿弗洛狄忒从出生起就不同寻常。这要追溯到神界第一次宫廷政变的时候。当克洛诺斯把父亲乌拉诺斯的肢体抛到大海上时，肢体四周迅速泛起层层泡沫。阿弗洛狄忒就在这泡沫与浪花中诞生了，正如她的名字，意为“出水芙蓉的女子”。

风神齐菲尔把一个硕大的贝壳缓缓吹至塞浦路斯岛海岸。阿弗洛狄忒从贝壳中姗姗而起，她身材修长，肌肤白皙，体态丰满，散着一头蓬松浓密的长发，光滑柔润的肢体透着赏心悦目的端庄。时光女神赫尔特来迎接这美的诞生，给她穿上明丽的服装，佩戴好薄如蝉翼的面纱和精致的饰品，再送她坐上车子，一群轻盈的鸽子把阿弗洛狄忒带向高高的奥林匹斯山。

众神从不知道天地间还能有如此超凡脱俗的美，无不为之倾倒。阿弗洛狄忒像一道银白色的曙光让奥林匹斯山焕发出耀眼的光彩。她的美貌不仅征服了众神，也征服了大自然。她走过的每一个角落都开出绚烂的花朵，抽出绿色的枝条，大地温暖如春，生机盎然。

天神宙斯也爱上了阿弗洛狄忒，但爱神并不喜欢不可一世的宙斯。宙斯为了报复她，强迫她嫁给了火神和工匠神赫淮斯托斯。我们说过，火神在一出生就遭到母亲赫拉的遗弃。他可以说是众神中最丑陋的一个，而且还瘸了一条腿，尽管他质朴勤劳也不能完全获得阿弗洛狄忒的芳心，阿弗洛狄忒总是和众情人约会。

最美的爱神和最丑的火神，可谓是最不般配的婚姻。阿弗洛狄忒不满意自己的丈夫，她爱上了英俊但凶残的战神阿瑞斯。她和阿瑞斯生下了5个孩子，包括小儿子厄洛斯。厄洛斯人称小爱神，他背上长着一对翅膀，喜欢背一张小小的金弓、一支金箭和一支铅箭。被他金箭射中的人会产生爱情；相反，被铅箭射中的人会拒绝爱情。因为他年少顽皮，很多时候是盲目乱射的，所以他代表疯狂的爱。

就像宙斯权力再大，也会遭到阿弗洛狄忒的拒绝一样，阿弗洛狄忒纵然有小儿子的金箭，有掌控爱情的能力，同样也会遭到别人的拒绝。那是希腊神话中最英俊的花样少年阿多尼斯。

一天，阿弗洛狄忒偶然碰到阿多尼斯，对他一见倾心。她呼唤阿多尼斯，希望他能陪自己聊聊天。但阿多尼斯对异性毫无兴趣，只喜欢在山林间打猎，便回绝了阿弗洛狄忒的提议。这时，爱神不得已使出自己的法力，对阿多尼斯说了不少甜言蜜语，并且愿意满足他很多愿望。可阿多尼斯还是不为所动，恨不得马上从她身边逃离。阿多尼斯不耐烦，用轻蔑和嫌弃的眼神望着阿弗洛狄忒。爱神又气又恼，晕倒在地上。苏醒后，她继续劝说阿多尼斯，但是依然遭到拒绝。

突然，爱神预感不祥，觉得阿多尼斯可能遭遇不测。她劝他不要去打猎，以防不测。阿多尼斯当然不肯听从。结果，阿弗洛狄忒的预感很准确，原来是战神阿瑞斯嫉妒阿多尼斯，想将他置于死地。第二天清晨，阿多尼斯打猎时被箭猪咬伤，殷红的鲜血渗到林间草地上。阿弗洛狄忒赶到时，阿多尼斯因失血过多，已经死去。爱神悲痛欲绝，她的眼泪湿润了脚下的泥土，开出一朵朵银莲花。阿多尼斯的鲜血化作鲜艳的红玫瑰。此后，阿弗洛狄忒就诅咒世间的爱情永远有猜疑、恐惧和悲痛。

阿弗洛狄忒形象端庄美好，在文学艺术领域广受追捧。最著名的是公元前4世纪的一尊雕像，被誉为古希腊最美的女性雕塑。只是雕像受损，失去了双臂，但依然不失女神落落大方、宁静脱俗的气质。阿弗洛狄忒在罗马神话中叫作维纳斯，所以这尊雕像的名字就叫“断臂的维纳斯”，也是“残缺之美”的代名词。

【相关链接】

皮格马利翁的故事

皮格马利翁是塞浦路斯的国王，是个孤僻而执着的人。岛上任何一个凡间女子他都不喜欢。他热爱艺术，凭借想象，用他神奇的技艺雕刻了一尊象牙美人像。他把全部的心思和精力都花在这尊雕像上，为他的美人装扮、取名，常常拉着她的手出神——他爱上了这尊雕像。阿弗洛狄忒为他的诚意所打动，便赐予雕像生命，让她和皮格马利翁结为夫妻。

当我们怀着对某件事热切的期望时，我们期望的事情就会成真，这就叫作“皮格马利翁效应”。

【专题】停战停战，先办正事

俗话说，“生命在于运动”。古希腊人尤其这样认为。他们喜欢在阳光下锻炼身体，把皮肤晒成健美的古铜色。充满智慧的希腊人也相信，一个有思想的灵魂一定要配上一副强壮的躯体。所以，很多古希腊哲学家都是优秀的运动员，比如毕达哥拉斯擅长拳击。柏拉图也说过，体育应该造就体格健壮的勇士。

在希腊，几乎每个城邦都设有运动场，并且有地区性的运动比赛。古希腊史上有四大运动会，都和神灵祭祀有关。8年一度的皮提亚运动会是祭奉阿波罗的，2年一度的科林斯地峡运动会是祭奉波塞冬的，4年一度的奥林匹克运动会和涅莫亚运动会都是祭奉宙斯的。它们的举办时间相互错开，于是，希腊大地上几乎每年都会响起竞技的呐喊和欢呼。名气最大的当属保留至今的奥林匹克运动会，简称奥运会。

奥运会因在希腊半岛南部的奥林匹亚举办而得名。在那风景如画的大地上，坐落着一座供奉宙斯的神庙。高大的宙斯像全身镶满黄金和象牙，是当时世界上最大的室内塑像。古希腊人把奥利匹亚视为“神城”和“圣地”，它象征着友谊和和平。

最初的运动会分散在各个地区，也没有固定的比赛时间，往往是举行祭祀仪式和获得丰收的时刻，众人聚在一起游乐竞技。后来一段时间里，古希腊不断爆发战争，战火连绵，瘟疫泛滥，农业歉收。希腊人民比任何时候都向往和平，怀念曾经举办庆典时的欢乐气氛。于是，奥林匹亚所属的伊利斯城联络了其他几个城邦，共同组织了奥林匹克运动会。他们达成协议：在运动会举办期间，实行为期3个月的“神圣休战日”。休战日里，任何人不得发动战争；即使有正在进行的战争也要放下武器，宣布休战。凡是赶赴运动会的人，在希腊任何城邦境内遭受危险，伊利斯就要向那个城邦征收罚款。

于是，第一届奥林匹克运动会开始了。这一年是公元前776年——希腊历史上第一个明确的日期。

这是只有希腊人才能参加的盛会，而且是希腊男子特有的假期。女子是不能参加甚至观看比赛的，不过她们另有祭奉赫拉的赛事。奥运会还特别注重人们的品行，有违法犯罪记录的人没有资格参加比赛。

为了取得比赛佳绩，年轻的运动员们要先准备4年，还要提前9个月来到奥林匹亚附近的体育场进行训练。奥运会为期5天，开幕、闭幕的时候都有祭祀队伍向众神祈祷。古时的体育竞技项目有很多种，被纳入奥运会比赛的项目有赛跑、跳高、摔跤、拳击、掷标枪和掷铁饼等。希腊人胜不骄，败不馁，从不为自己找借口，也不会说裁判不公平。在比赛中作弊的人会被直接淘汰出局，而且终身不得参赛。据说，曾有人想贿赂拳击对手在比赛中设法输给自己，结果招致巨大的惩罚和耻辱。

我们现在无法得知希腊人竞技能力的数字记录，当时的希腊也缺少用来测量的精密仪器。但仍有流传下来的故事供我们参照：有一个希腊人可以追上奔跑的野兔；还有一个人和马竞走20英里而获得胜利。

为了意义重大的奥运盛会，人们要提前一个月出发，从四面八方赶往奥林匹亚赛会现场。此时的奥林匹亚成了一个大规模集市。平原上布满了商品摊位，有遮阳的帐篷，美酒、水果、马匹、塑像……应有尽有，卖艺者和魔术师的表演也引来了众人的围观和喝彩。古希腊戏剧家米南德曾把这时的场景概括为“拥挤、市场、特技、开心和盗窃”。

当时的露天赛场十分简陋，到处尘土飞扬。而比赛的时间通常是7月，烈日当空，空气干燥。全场4.5万观众要整天守着自己的位子，没有凉棚，也不能戴帽子。各种昆虫纷纷来袭，苍蝇尤甚。因为宙斯又被希腊人视为驱蝇神，所以人们不断为他供奉祭品，希望减少蚊蝇的滋扰。

荷马在《奥德赛》中说：“人生在世，最大的光荣，莫如用自己的双手和两脚赢得胜利。”将荣誉视为一切的希腊人，将自己喜爱的运动员敬为世间的神。在奥运会上夺冠的运动员都是全希腊的英雄，特别是他所在的城邦的英雄。

在汗水淋漓的5天之后，人们迎来了神圣的颁奖仪式。每位优胜者都在头上束一条发带，裁判员将月桂或橄榄枝条编成的花冠戴在他们头上。接下来，信使官将宣布夺冠者的名字及所代表的城市。花冠是奥运会唯一的奖品，运动员没有奖金可领，但这足以让他们为之奋发拼搏。

冠军们凯旋后，会得到丰厚的奖励。不仅有大量的金钱，还会被升为将军，毕竟古时战争是以体力和技巧为基础的。城邦对竞技英雄慷慨地给予各种特权，他们可以免除一切赋税，享用免费的营养品，有诗人专门为他们写赞美诗。如果获得3次冠军，就会有雕刻家受雇为他们雕刻铜像或石像，立于奥林匹亚会场上。

第二章　英雄与传说

与诸神的生活相比，古希腊的英雄往往是饱经沧桑的。他们不仅和普通人一样要面对人类社会的情感冲突、矛盾纠葛，有时还要和全能的神明进行抗争。但最无力抗拒的，是他们既定的宿命，每位英雄都是一个悲剧的主角。

逃无可逃的俄狄浦斯

在古希腊，如果谁亵渎了神，谁就要受到诅咒。他们并不奉行“一人做事一人当”的原则，被诅咒的往往是一个家族。这就意味着，他的后人从一出生就被困在一个注定悲剧的命运里。于是，也就不奇怪古希腊的悲剧为何那样卓越了。

传说，忒拜国王拉伊俄斯和王后伊俄卡斯忒多年无子。他们来到德尔菲神庙祈求神赐予子嗣。神谕说，他们可以得到一个儿子，但拉伊俄斯将死在这个儿子手里。因为宙斯听到了珀罗普斯的诅咒，说拉伊俄斯曾劫走他的儿子。

拉伊俄斯的确犯过这个错误，他相信神谕是真的。所以，当伊俄卡斯忒生下一个儿子时，他决定把孩子丢弃。他们将孩子的脚踝刺伤，用皮带捆上，交给一个牧羊人丢到山上。好心的牧羊人怜悯这无辜的孩子，偷偷把他送给了科任托斯的一个牧羊人。牧羊人对孩子的身世毫不知情，因为他的脚踝有伤，就叫他俄狄浦斯，意思是“肿疼的脚”。不久，他又把孩子送给了他的国王波吕玻斯和王后墨洛珀。而忒拜国王和王后都认为孩子已经因饥渴而死，或葬于野兽之腹。尽管不忍割舍，但他们认为这样做可以避免儿子犯下杀父之罪。

俄狄浦斯被科任托斯国王视作亲生儿子，从未怀疑过自己的身份，直到一个偶然打击了他长久的自信和快乐。在一次宴会上，有位嫉妒俄狄浦斯的国人喝醉后，指着俄狄浦斯说他不是国王的亲儿子。虽然波吕玻斯和墨洛珀极力安慰俄狄浦斯，他还是心存疑虑，于是来到德尔菲神庙，希望太阳神打消他的怀疑。

没想到，太阳神不但没有解答他的疑惑，还给出了一条更可怕的预言：俄狄浦斯将杀害他的父亲，并娶母亲为妻，生下后代。

俄狄浦斯被神谕所震惊，不敢回王宫，为了躲避预言中的悲剧，他远离科任托斯国，向玻提亚走去。走到德尔菲与道利亚城的十字路口，他看到一辆马车强横地小路上的行人抢路。车上有一个老人、一个使者、一个御者和两个仆人。俄狄浦斯看不惯车子的横行，就上前阻拦。双方展开一场恶斗，俄狄浦斯杀死两人，其他人逃走了。

俄狄浦斯继续赶路。他毫不在意刚才杀死的老人，可那正是要赶去玻提亚神殿的忒拜国王——拉伊俄斯，他的亲生父亲。双方自以为能够规避的预言悄悄实现了。但是无人知晓，无人阻止悲剧的继续。

拉伊俄斯死后，伊俄卡斯忒的弟弟克瑞翁继承王位。当忒拜国还沉痛追悼意外死去的老国王时，可怕的斯芬克斯出现在城外。这是一个长着美女头和狮子身的怪物。她蹲在一座悬崖上，让过路的人猜她的谜语，猜不中的人都将被她撕成碎片吞食下去。她吞食了很多人，甚至包括克瑞翁的儿子。于是，克瑞翁下令，谁能铲除这个恶怪，谁就能够登上王位，并娶到他的姐姐。

这时，俄狄浦斯来了。他并不在乎自己被诅咒的命运，于是走上了斯芬克斯所蹲踞的悬崖。斯芬克斯拿出一个不易解答的谜语为难这个勇敢的外乡人。她说："有一种动物，早上4只脚，中午2只脚，晚上3只脚。这是唯一一种在不同时期变化脚的数量的动物。脚最多的时候，反而是最虚弱的时候。"俄狄浦斯听完笑了，"这就是人啊！在一生的清晨是个孩子，只会手脚并用地爬行；到人生的正午是顶天立地的壮年；到人生的黄昏时，年迈需要拄杖扶持，这便是第三只脚。"斯芬克斯的谜底被轻而易举地揭开了，她又气又恼，跳下了悬崖。

俄狄浦斯成为忒拜王国的英雄。克瑞翁让出了王位，并将伊俄卡斯忒许给俄狄浦斯为妻。俄狄浦斯在忒拜有4个孩子：双胞胎兄弟厄忒俄克勒斯和波吕尼刻斯，大女儿安提戈涅和小女儿伊斯墨涅。他们既是俄狄浦斯的儿女，也是他的弟弟和妹妹。

善良正直的俄狄浦斯和伊俄卡斯忒共同治理忒拜国，很受人民的尊敬和爱戴。当神在忒拜降下瘟疫，深受苦难的国民依然相信国王能够拯救他们。俄狄浦斯也请克瑞翁去德尔菲神庙请求神谕的指点。神谕说，正是杀害国王拉伊俄斯的罪人使全城陷入灾难。

俄狄浦斯宣布一定要亲自惩办凶手，不论他是何人。他请盲人预言家忒瑞西阿斯来找出凶手，却见忒瑞西阿斯用颤抖的双手掩面，好像要挡住某种可怕的东西。在俄狄浦斯的再三追问下，他向俄狄浦斯说出了一句让所有人惊恐的话：凶手正是你呀！是你的罪恶殃及了全城百姓！俄狄浦斯还不明白事情的真相，他斥责预言家不过是个江湖骗子，并和看法不同的克瑞翁发生了激烈的争吵。

直到王后伊俄卡斯忒走出来，为判定预言家在说谎，她讲述了前夫死亡和丢弃婴儿的原委。俄狄浦斯感到无比诧异，他突然意识到，自己当年在十字路口杀死的老人很可能就是国王拉伊俄斯。随后，他得知，那个从十字路口逃走的仆人在他继位以后，就请求离开城市，到最遥远的牧场放牧去了。俄狄浦斯立即召回了这个仆人。

当仆人回到王宫时，科任托斯也来了一个使者，报告说国王波吕玻斯已死，请俄狄浦斯回国继位。俄狄浦斯被种种错综复杂的事情困住了，他无法确定什么才是真相。

最终，他眼前这两位来自不同国度的牧羊人解开了最后的谜团。巧合的是，科任托斯的使者正是把小俄狄浦斯送给国王的人，他当众证明俄狄浦斯只是波吕玻斯的养子。当俄狄浦斯追问是谁将拉伊俄斯的儿子送给山中牧羊人时，发现正是刚刚从边境召回的仆人。听到这里，王后绝望地放声痛哭，从众人中跑开了。科任托斯的使者立即认出，正是眼前的仆人把婴儿交付到自己怀中。一切真相大白：俄狄浦斯就是拉伊俄斯和伊俄卡斯忒的儿子！

俄狄浦斯疯狂地在王宫里奔跑，他回到自己的卧室，发现王后伊俄卡斯忒已经悬梁自尽了。眼前的种种悲剧让他痛不欲生。他抱下王后，用她衣服上的胸针刺瞎了自己的双眼，好让自己再也看不到曾经犯下的罪孽。

他让仆人把自己引到百姓面前，让他们看看这个带来灾难的大罪人。不过，没有人怨恨他、嘲笑他。俄狄浦斯安排克瑞翁做两个幼子的摄政王，祈祷忒拜人民重新得到神祇的佑护。

现在，这位曾经为千万人爱戴的忒拜救星，能解开最难的谜语却迟迟解不开自己命运之谜的国王，正离开宫殿，像乞丐一样，向着遥远的边境走去。

【相关链接】

德尔菲神庙

德尔菲被古希腊人认为是世界的中心，称作“世界之脐”。德尔菲神庙是阿波罗神晓示神谕的地方。希腊众神中，只有阿波罗能获悉宙斯的思想，所以通过预言来传达阿波罗神谕，能为人类的事务提供神圣的指引。作为古希腊的宗教中心，在基督教之前，晓示神谕是德菲尔神庙最重要的功能。它的预言深刻影响了希腊世界的文化和历史。

伊阿宋的结局

《西游记》中，师徒四人为取得真经，需历经九九八十一难，每遇妖魔鬼怪必有神仙出面相助。对此，神话学家坎贝尔在《千面英雄》中说：“英雄从日常生活的世界出发，冒种种危险，进入超自然的神奇领域。他在那儿获得奇幻的力量并赢得决定性的胜利。然后，英雄从神秘的历险地带着给予同胞造福的力量回来。”在这一点上，中西方神话故事有很多相通性。比如，古希腊传说中伊阿宋寻找金羊毛的历险故事。

故事的主人公叫伊阿宋，是埃宋的儿子。伊阿宋的爷爷克瑞透斯创建了爱俄尔卡斯王国，并将它传给了儿子埃宋。但后来埃宋的弟弟珀利阿斯篡夺了王位。埃宋临终前将小伊阿宋托付给半人马的喀戎。喀戎教导有方，按照培养英雄的标准去训练伊阿宋。伊阿宋终于长成一位有勇有谋的青年。

珀利阿斯晚年之时，受一个莫名的神谕所困扰，神谕让他提防一个只穿一只鞋的人。但他无论如何也猜不透背后的含义，更不知道他那离开家乡20年的侄子已经踏上归途。

这天是爱俄尔卡斯国祭奉波塞冬的日子。珀利阿斯被众人簇拥着庄严祈祷。这时，不远处走来一个英俊高大的年轻人，带着古代英雄的风度，手持两根长矛，一根用来刺扎，一根用来投掷，身披豹皮，长发垂肩。人们都惊奇地注视着这个美男子，还以为是阿波罗或阿瑞斯的化身。只有国王珀利阿斯突然紧张惊恐，因为他看到年轻人脚上只有一只鞋子。

原来伊阿宋在经过一条湍急宽阔的河流时，岸边一位老妇人请求帮她渡河。伊阿宋二话没说，把她稳稳举在头顶，顺利涉水而过。但其间，他不小心把一只鞋陷在了淤泥中。伊阿宋不知道这位妇人其实是天后赫拉乔装而成的。

祭祀仪式结束后，珀利阿斯暂且按下心中的惊恐，若无其事地走向陌生的年轻人，询问起他的名字和家乡。伊阿宋不卑不亢地说出了自己的身份，并告诉他的叔父，此行便是要拿回父亲的王位。珀利阿斯把侄儿领进宫中，伊阿宋凝望着自己幼年生活过的宫室，心中生出无限渴望和感慨。狡黠的珀利阿斯假装语重心长地说，自己已经不能胜任一国之君的位置，很愿意把王位让给侄儿，但有一个条件，就是伊阿宋必须去科尔喀斯的埃厄忒斯王国那里取来金羊毛。这既算是帮珀利阿斯完成心愿，也是伊阿宋对自己能力的证明。只要他能取回金羊毛，王位和王杖都是他的。

原来，有只会飞的公羊，它的毛都是纯金的。有对姐弟曾骑着它腾空而行。途中，姐姐坠海而亡，弟弟最终抵达科尔喀斯地区，并娶了埃厄忒斯国的公主。他杀掉公羊祭献宙斯，把金羊毛送给了埃厄忒斯国王。之后，金羊毛又被转献给战神阿瑞斯。阿瑞斯听说这金羊毛能保全自己的生命，就把宝物钉在树林里，派毒龙看守。

世间的英雄和王子都想得到这无价之宝，伊阿宋一听也跃跃欲试，欣然同意了这个约定。他不知这是老谋深算的叔父设下的圈套，要他死于这次冒险，永远夺不去自己的王位。

伊阿宋邀请了希腊很多英雄参加这次探险行动。在雅典娜的指导下，造船者阿尔戈斯为他们打造了一艘永不腐朽的华丽大船，取名“阿尔戈”。伊阿宋担任探险队的指挥。献祭海神之后，他们拔锚开船，乘风破浪，很快就把身后的陆地丢得很远。

“阿尔戈”船首先到达了美丽的女儿国楞诺斯岛。岛上没有一个男子，因为他们负心被妻子全部杀死。统治小岛的是年轻的女王许普西皮勒。女王恭恭敬敬地接待了伊阿宋一行人，并组织岛上的妇女举办篝火晚会为英雄们接风洗尘。大家都欢欢喜喜地进城去了，只有赫拉克勒斯留在船上看守。英雄们在宴会上开怀畅饮，和美丽的女子纵情歌舞。行期一天天推迟，赫拉克勒斯再也忍不下去，他把英雄们召集到岸边，斥责他们沉迷于寻欢作乐而忘记了重大使命。大家忽然醒悟，感到羞愧满面，决定立即动身开船。妇女们追到岸边，也没有挽留住这些斗志昂扬的英雄。

他们在库最科斯岛打败了六臂巨人，却误杀了热情款待他们的国王。在喀俄斯登陆时，又受到当地人的殷勤招待，但年轻的许拉斯在汲水时，被爱上他的水泽仙子偷偷拉入泉中。赫拉克勒斯也按神谕的指示去做其他任务了。在柏布律西亚，英雄们被迫与国王赛拳，结果波吕丢克斯一拳打碎了国王的头骨。他们又解救了被美人鸟侵扰的预言家菲纽斯，躲过了博斯普鲁斯海峡浮动的撞岩。菲纽斯预言的劫难他们都经历了一遍，历经千难万阻终于踏上了科尔喀斯的土地。

伊阿宋向埃厄忒斯国王说明了自己的来意。国王并没有禁止英雄们夺取金羊毛，但是要让伊阿宋先通过他的考验：驱使两匹铜蹄喷火的公牛耕地，并在地上播种卡摩斯所杀死的巨龙的牙齿。和伊阿宋狡猾凶狠的叔父一样，埃厄忒斯国王显然也想借机除掉他。伊阿宋心中畏难，但又不愿退缩，便不假思索地答应接受考验。

就在英雄们一筹莫展之时，希腊人的保护神赫拉来帮忙了。她使国王的小女儿美狄亚有机会见到伊阿宋，并对他一见钟情。这个小公主偷偷向伊阿宋表露了爱慕之情，伊阿宋也被她打动了，两人于是互许终身。美狄亚当然站在爱人这边，她给了伊阿宋一种防火魔药，并讲了应对考验的方法。

第二天，仆人放出两头巨大的神牛，它们的鼻孔喷着烈焰向伊阿宋奔袭而来。因为有防火药的保护，伊阿宋成功地制伏了两头牛，耕地之后种上龙牙。土里的龙牙很快变成一群手持武器的士兵，伊阿宋抵挡不住，搬起一块巨大的圆石向士兵们砸去。他们像中了魔法一样，立刻相互厮杀。伊阿宋乘机拔出宝剑，忽左忽右砍去他们的脑袋。国王心中大怒，他用怀疑的目光凝视着身边的美狄亚。

美狄亚生怕父亲发现秘密，又连夜找到伊阿宋。他们决定一起去取金羊毛，然后回到爱俄尔卡斯国就结婚。于是，美狄亚带着伊阿宋来到了存放金羊毛的亚里斯森林。不眠的巨龙伸长脖子，发出低沉的吼声，披着灼灼发光的鳞甲蜿蜒于林间。伊阿宋不由得倒吸了一口冷气。美狄亚却勇敢地走上前，用一种甜美的祈祷声催它入睡，并把神异的露水洒入龙眼，口中不停念着咒语。毒龙昏迷了，美狄亚吩咐伊阿宋从橡树上拖下金羊毛。他们逃出密林，金羊毛的光辉照亮了黑夜的路。

破晓时，两人登上阿尔戈船，英雄们围着首领骄傲欢呼。随后，他们立即起锚，摆脱了追兵，终于回到了爱俄尔卡斯。

金羊毛是英雄伊阿宋荣誉的象征。但如果没有美狄亚的帮助，也许故事又是另一个结局了。虽然回国后，伊阿宋并没有如愿换得王位，但他和美狄亚如约成婚。秀外慧中的美狄亚得到了伊阿宋的宠爱，她想，即使她为丈夫背叛了自己的亲人也是值得的。直到多年以后，美狄亚年老色衰，伊阿宋另有新欢，就要抛弃美狄亚，和情人结婚了。

像当年为了爱人义无反顾地采取行动一样，伤心欲绝的美狄亚对伊阿宋和他的情人进行了残酷的报复。她用一件美丽的袍子毒死了新娘和她的父亲，又更加疯狂地杀死了自己和伊阿宋所生的孩子。伊阿宋被突如其来的悲剧彻底击垮。他看到美狄亚乘着龙车腾空而去时，于绝望中拔剑自刎。

【相关链接】

喀戎

喀戎是希腊神话中人首马身的神祇。和其他凶残野蛮的半人马不同，喀戎以善良和智慧著称，抚养并教导了很多希腊英雄。一次，喀戎被学生赫拉克勒斯的致命毒箭误伤。赫拉克勒斯解救普罗米修斯，正是因为喀戎决定放弃永生，用自己交换普罗米修斯。其后，喀戎被宙斯升上天空，成为人马座，也叫射手座。

西西弗斯的不归路

当俄狄浦斯离开自己的国家，丧失了光明与希望，但也由衷地感叹道："尽管我历尽艰难困苦，但我年逾不惑，我的灵魂深邃伟大，因而我认为我是幸福的。"

另一位英雄西西弗斯也经历着与俄狄浦斯相似的悲剧命运。在毫无希望的命运面前，他的希望又是什么呢？

在爱琴海东岸的小亚细亚半岛上，坐落着一个叫埃厄利亚的国家。西西弗斯就是埃厄利亚的王子，他建立了科林斯城。凭借自己的机智狡猾，西西弗斯聚敛了大量的财宝。

一天，西西弗斯靠在科林斯城墙的墙垛上看风景，忽然一只巨鹰映入他的眼帘。让他感到惊讶的是，那锋利的鹰爪上还抓着一位白衣少女。巨鹰在科林斯山头栖息片刻，聪明的西西弗斯一眼看出是好色的宙斯又在物色猎物。

果然，不久，失魂落魄的河神阿索波斯就来到了科林斯，到处询问路人有没有看到自己的女儿。原来河神有九个女儿，但已经有八个被几位强权之神拐走了，只剩下最小的埃癸娜。他小心看护着唯一的小女儿，没想到还是被宙斯盯上了。西西弗斯说自己知道少女的下落，但是如果告诉河神，就会得罪一位天神，也奉劝河神还是不要找了。但爱女心切的河神舍不得女儿，再三请求西西弗斯。最终，西西弗斯告诉了河神女儿的下落，并得到了一条四季长流的河作为回报。

河神一路追着宙斯的踪迹，激起了宙斯的愤怒，他不愿放弃美丽的少女，就掷下一道闪电，击中了河神的一条腿。河神绝望了，阿索波斯河从此流得非常缓慢。

而西西弗斯果然得罪了宙斯。宙斯猜出是他在背后告密，就把西西弗斯打入地狱。没想到，死神塔纳托斯反而被狡猾的西西弗斯绑架了。大地上再也没有人死亡，人们于是停止了对冥王哈得斯的献祭。哈得斯忍受不了地狱里长久的荒芜，向宙斯禀报了情况。

宙斯发怒，又派战神阿瑞斯去西西弗斯那里救出塔纳托斯。塔纳托斯在被松绑的一瞬间，摄走了西西弗斯的灵魂。临死前，西西弗斯告诉妻子，不要埋葬他的尸体，也不要为他举行任何仪式。只要冥王得不到献祭，他就有机会重返人间。西西弗斯向冥王请求说，一个没被埋葬的人是没有资格进入冥界的，所以他要回去让妻子处理好后事再回来。急于得到献祭的冥王答应了。

当西西弗斯重新站在生机勃勃的大地上，重新感受着明媚的阳光、流动的河水时，他就不想再回到冥界了。他想和妻子幸福地生活下去，欣赏人间起伏的高山和奔腾的大海。

但诸神没有一直纵容这个狡猾的“越狱者”。终于有一天，神使赫尔墨斯跑来揪起西西弗斯的衣领，把他从一片欢乐之中拉了出来。西西弗斯再次被投入地狱，他再也没有逃脱的机会了。那里已经备好惩罚他的巨石。

从此，西西弗斯每天做的事情就只有一件：把那块沉重的巨石推上高而陡峭的山上。每当他一步步把石头推至山顶，石头又会因自身重力滚落下去。西西弗斯眼见它瞬间又回到山脚下，只能跑下山去，重新再推。

宙斯认为这种徒劳无功、毫无意义的劳动是世上最严厉的惩罚。但西西弗斯说：“不！”

山坡上的西西弗斯正用力向上推着巨石，那张因用力而扭曲的脸上渗出了细密的汗珠。他的肩膀上落满泥土，胳膊僵直，每一步都沉重而均匀，每一秒都承受着巨大的压力。

如此循环往复的痛苦过程像不像我们的人生？人生同样没有休止，从痛苦走向痛苦，它的终极意义就是毫无意义，它本身就是一场荒谬。

但是，荒谬并不等于绝望。哲学家们将西西弗斯的神话诠释为生存的永恒困境，并不断寻找救赎方式。直到加缪告诉人们：真正的救赎，并不是厮杀后的胜利，而是能在苦难之中找到生的力量和心的安宁。

所以，面对这世界的灰暗与阴影，我们只需要无畏地活着。不必苦苦追问生命的价值是什么，重要的是怎样去承受生活。

所以，西西弗斯会轻蔑而决然地对宙斯说“不”！他超越了自己的命运，把承受的苦难化成了内心的幸福，与困境斗争本身已足够充实他的心灵。

【相关链接】

冥王与死神

冥王是宙斯的哥哥哈得斯，统治冥界，并掌管地下的财富。死神是美少男塔纳托斯，也住在冥界，掌管死亡。死神是冥王的手下大将，负责取走人的性命，而冥王负责对人的性命予以审判。在希腊神话中，地狱不被赋予善恶观，所有的人死后都会入地狱，但会根据审判得到不同待遇。

阿喀琉斯之死

高高垒起的木柴堆上，疾风吹着火焰熊熊燃烧。火光中有人们倾注的膏油，大碗的蜜糖和美酒。将士们全副武装，骑上战马，围绕着火堆环行，悲恸而庄严地向他们的英雄致敬作别。风声与哭声交织，阿喀琉斯安详地躺在燃烧的木柴堆上……

当宙斯追求海洋女神忒提斯时，他听闻一个预言：忒提斯的儿子必将远远超过他的父亲。宙斯最怕的就是宫廷政变，爱情让位于权力，便把忒提斯许配给凡人英雄珀琉斯。果然，他们的儿子阿喀琉斯比珀琉斯更英勇强大。

忒提斯生下阿喀琉斯后，也想使他成为神人。她瞒着丈夫把阿喀琉斯放置在天火中，想烧去他从父亲身上遗传的人类基因。有一次，珀琉斯偶然看到儿子在火焰中颤抖，大惊失色，把他抱起来送到马人喀戎那里医治。喀戎用熊的骨髓和狮子的肝脏喂养阿喀琉斯，并把他培育为一代英雄。

忒提斯没能把儿子变成神祇，就想让他受到最好的保护。她又带阿喀琉斯去冥河斯提克斯洗浴，使他刀枪不入。但冥河的水太过湍急，母亲紧紧握住儿子的脚跟，那被捏住的脚跟是唯一没有被圣水洗过的地方，这便成了阿喀琉斯日后最致命的弱点。

阿喀琉斯9岁时，预言家卡尔卡斯曾预言：遥远的特洛伊城注定要被希腊人所毁灭，但必须有珀琉斯的儿子参加。忒提斯听闻心生焦虑，这正应了她婚礼上获知的另一个预言：她的儿子将死于特洛伊战场。于是，忒提斯又将阿喀琉斯男扮女装，送到斯库洛斯岛上和那里的公主们一起生活。

当希腊联军准备征伐特洛伊时，将士们还是巧用妙计，辨别出宫廷中的阿喀琉斯，说服他为希腊的荣誉出战。

阿喀琉斯骁勇善战，武艺超群，使特洛伊的军队闻风丧胆。当好友帕特洛克罗斯牺牲时，阿喀琉斯悲痛万分，决定为他复仇。母亲忒提斯得知儿子要迎战特洛伊大王子赫克托耳，就请工匠神赫淮斯托斯为儿子打造了一副铠甲和一块盾牌。阿喀琉斯凭借一身功夫和精良兵器战胜了赫克托耳，并将他的尸体拖在战车上。

赫克托耳死后，特洛伊军中没有阿喀琉斯的对手了，更多的特洛伊人死在他悲愤的长矛下。特洛伊的守护神阿波罗看着他们惨重的伤亡，愤怒得像一头猛兽。他离开奥林匹斯山，来到阿喀琉斯面前，威胁他停止对特洛伊人的攻击。阿喀琉斯毫不畏惧，指责阿波罗对特洛伊的袒护，转身继续追击敌人。阿波罗两眼闪射着火焰，将自己隐蔽在云雾中，开弓搭箭，从不可察觉的云端一箭射向阿喀琉斯的脚踵。

疼痛从脚跟直抵心头，阿喀琉斯像一座被掘毁了石基的巨塔，一头栽倒在地。他怒视四周，大骂阿波罗的阴险。悲吼的同时，阿喀琉斯从无以愈合的伤口上拔出毒箭。鲜血喷涌而出，他愤怒地把箭甩在地上，又一次从地上跃起，眼里充满了不甘和仇怨。他挥舞着手中的长矛，直奔敌人。在他周围又倒下很多人之后，突然间一股冷气漫过他的全身。他倚矛而立，已经不能追赶敌人了，但特洛伊士兵出于恐惧仍不敢靠近，他的怒吼同样令敌人战栗。

阿喀琉斯的身体迅速僵硬，一瞬间轰然倒下了。大地震动，他的盔甲铿锵有声。

即刻，刚刚还来不及躲避他的人都前来抢夺他的铠甲。但埃阿斯高举长矛守护在尸体周围，逼退侵犯的人们。

希腊人将阿喀琉斯的尸体运回船舰，士兵们忍不住放声痛哭。人们用温水为阿喀琉斯的尸体洗浴，为他穿上忒提斯为他做的华丽战袍。雅典娜对阿喀琉斯充满怜惜，在他的额头撒上香膏，以防止尸体腐化变形。阿喀琉斯面容安详，好像只是睡着了一样，他脸上曾经的痛苦和悲伤都消失了。忒提斯从深海赶来，悲痛地拥抱着儿子，泪水涟涟湿透了地面。

希腊联军为阿喀琉斯举行了殡仪火化。熊熊烈焰下阿喀琉斯化为灰烬，他的尸骨被盛装在金镶银镀的箱子里，同好友帕特洛克罗斯的尸骨一起安葬在海岸最高处。

奥德修斯继承了阿喀琉斯的铠甲和盾牌。而他那两匹神马感觉到主人已去，便咬坏了辔头和所有马具，不再接受别人的驾驭和照管。

【相关链接】

巧计辨英雄

阿伽门农动员所有同盟者攻打特洛伊时，阿喀琉斯是最后一位被请出的英雄。他长得十分俊美，奥德修斯到宫中寻找他时，甚至辨别不出哪位是公主中的英雄。奥德修斯就扮作商人，向公主们展示各种美丽的饰品，大家都欢喜地赏玩这些精巧的小物件，只有一个人无动于衷。这时，奥德修斯拿出一把镶着珠宝的匕首，这倒吸引了那个“少女”的注意。此时，外面响起战争的号角，女孩们闻声纷纷逃离，只有这个“少女”拿起匕首毫不畏惧地准备战斗。阿喀琉斯的伪装被识破了，只好同意出战。

奥德修斯海上历险记

长达10年的特洛伊战争终于结束了。众将领由于在返程的路线上意见不统一，就决定分头行动。在战场逃过生死一劫的英雄们都陆陆续续回到了祖国。只有拉厄尔忒斯的儿子，伊塔卡国王奥德修斯迟迟不归。其实，奥德修斯出征时儿子才刚刚出生，他原本归心似箭，日夜思念着家中的妻儿老小。不料，他的部队因触犯了神灵，在海上经历了太多的磨难。

刚离开特洛伊时，一阵大风把奥德修斯的船队吹送到喀孔涅斯人的都城。奥德修斯和同伴们在那里大肆掠夺。就在均分财物之后，喀孔涅斯人的援兵到了，一些希腊士兵被杀死，其余人落荒而逃。

经过九天九夜的暴风雨，他们来到了食莲人的海岸。那里生长着一种忘忧果，人吃了以后就会忘记故乡，不愿意离开那里。无计可施的奥德修斯只好用武力把同伴们带回船上，有的人在船上依然哭泣着反抗。

船队一路航行到库克罗普斯，这里居住着一个残酷而野蛮的民族。奥德修斯和同伴被独眼巨人抓进山洞，和羊群关在一起。两个同伴被独眼巨人当作晚餐吃掉了。巨石堵住洞口，让里面的人无法逃脱。奥德修斯在焦虑之中想出一个办法。他把自己贮藏的美酒献给独眼巨人，巨人连喝3桶终于醉了。奥德修斯在同伴的帮助下，飞快地将一根烧着的木棍转动着刺入巨人的眼睛。趁巨人疼得发疯，他们搬开洞口的巨石，藏在羊肚子下面逃了出来，并把羊群赶到自己的船上。

逃离了独眼巨人，奥德修斯才知道他刚刚刺瞎的是海神波塞冬的儿子。独眼巨人向父亲祈祷，使奥德修斯一行在归途中历尽折磨，长久漂流。

在海上漂流数日后，他们又来到了风神埃俄罗斯的海岛。风神听说了特洛伊战争中希腊英雄们的壮举，很同情这些远离家乡的战士，送行时给了他们一只风袋。又过了九天九夜，奥德修斯队伍已经逼近伊塔卡海岸，家乡的灯火就在前方闪耀。奥德修斯一路疲惫，终于可以休息片刻了。当他睡着时，同伴们好奇风袋中有何财宝，就把袋子解开。刚开了一个小口，狂风骤起，船队再度偏离航线。

整整航行了7天，他们才看到陆地。这一次，他们碰上了可怕的食人族，遭到了上千巨人的袭击。除了奥德修斯自己的船，其余都被砸碎了船板。可怜的同伴有一半命丧于此。

奥德修斯和侥幸脱险的同伴一路航行到仙女喀耳刻的岛上。一部分人去往喀耳刻居住的宫殿，发现院子里徘徊着许多温顺的野兽。这时，喀耳刻优美动听的歌声从殿中传来，她微笑着欢迎大家享用自制的糕点。没想到，这糕点中掺了一种药草，吃了糕点的人全都变成了猪崽！原来院子里的野兽都是喀耳刻用人变成的。只剩下警惕的欧律罗科斯，他恐惧地跑回岸边，把事情告诉奥德修斯。奥德修斯在去营救同伴的路上，遇到了神使赫尔墨斯，获得了他的帮助，才降服了喀耳刻，把同伴变回人形。

喀耳刻答应送奥德修斯等人回家，但此前必须到冥界去询问未来的事情。在冥界，奥德修斯与去世的母亲和朋友的灵魂对话，又得知妻子佩涅洛佩和儿子正处在困境。奥德修斯心急如焚，直奔故乡。

不过，后面的旅程也并不顺利。他们先途经塞壬女妖的小岛。女妖们扇动着翅膀，唱出比黄莺还要婉转的歌谣，引诱着过往的船舶。但凡被迷惑登陆的人必死无疑，所以这里的海岸布满死人的白骨。奥德修斯早有耳闻，他很想听听这些动人的歌声，又恐怕自己丧命，就让同伴们把自己绑在桅杆上，并吩咐他们用蜡封住各自的耳朵。

致命的诱惑过去了，他们来到太阳神放牧神牛的岛屿。同伴们饥饿难忍，不听预言者的警告，杀了神牛充饥，又触怒了宙斯。宙斯降下霹雳劈碎了所有的船只，其他同伴都死了。只有奥德修斯紧紧抱住一块船板，经过九天九夜的漂荡，停泊在仙女卡吕普索的小岛。仙女对奥德修斯心生爱意，但奥德修斯归心似箭。在众神的劝说下，仙女才答应成全奥德修斯。

奥德修斯自制了一条木筏，没漂多久又遭风暴击碎，斯克里亚岛收留了这个衣衫褴褛的外乡人。国王对勇敢坚毅的奥德修斯敬佩有加，赠送他一艘船，送他直抵伊塔卡。

经过了10年征战，再经10年漂泊，奥德修斯终于重新踏上故乡的土地。除了他的家人，所有人都认为他早已死去。现在，他就站在众人面前，以国王的威严除掉了侵扰家人的恶霸，最终和他那忠贞的妻子、长大的儿子团聚。

【相关链接】

佩涅洛佩的智慧

佩涅洛佩可谓希腊故事中的贤妻典范，与海伦对丈夫的背叛相比，她的坚贞形象更加凸显。当所有人都以为奥德修斯客死他乡，各地的贵族纷纷打着自己的算盘登门求婚时，佩涅洛佩就以为公公拉厄尔忒斯织寿衣为借口，尽力拖延求婚者们的计谋。她白天的确坐在纺织机前，不停地纺织，但总也不见织完。因为每到夜里，她就偷偷把织好的布匹全部拆毁。如此骗了求婚者3年，直到一个女仆泄露了她的秘密。无奈之下，她又宣布，谁能拉开丈夫留下的那张弓，自己就嫁给谁。但依然无人能为。漫长煎熬的20年终于结束，聪慧贤良的佩涅洛佩等到了丈夫的归来。

【专题】忘掉束缚，欢歌畅饮吧

自人类学会酿酒的那天起，酒便成了生活中不可或缺的一个元素，出现在世间的各个场合。为阿喀琉斯送葬时，将士们哀痛献酒；奥德修斯吃烤肉的时候，以美酒作陪。希腊人爱酒，崇拜酒神，为他设立专门的节日和庆典。

传说中的酒神是宙斯的儿子。忒拜公主塞墨勒与宙斯相爱怀孕。吃醋的赫拉得知后，变成公主的保姆，怂恿公主要求宙斯现出真身，来验证宙斯对她是否忠诚。宙斯拗不过公主的要求，就以雷神的面目出现，结果塞墨勒被雷电烧死。宙斯慌忙抢救出不足月的胎儿，缝进自己的大腿。后来，胎儿便从他的腿中降生，取名狄奥尼索斯，意为“宙斯的瘸腿”。为了避免孩子再受赫拉的迫害，宙斯把狄奥尼索斯交给山林女神抚养。长大后，狄奥尼索斯返回希腊。途中遭遇海盗的绑架，差点被卖为奴隶。但狄奥尼索斯让绳子自动脱落，还让常春藤爬上桅杆，葡萄藤爬满风帆。海盗们惊恐万分，慌乱中跳海变成了海豚。在纳克索斯岛上，被雅典英雄提修斯留下的阿里阿德涅公主与他相遇，后来成了他的妻子。

狄奥尼索斯并非希腊本土的神话人物。大约在公元前13世纪，酒神崇拜从小亚细亚传入了希腊半岛。最初，他只是平民供奉的神，很长一段时间，贵族中间的酒神祭祀也不太流行。随着后来酿酒技术的成熟，狄奥尼索斯才得到了古希腊人广泛的尊重。因为，据说他曾走遍希腊、叙利亚，甚至印度等地，教人们酿制美味的葡萄酒，并保护着葡萄等作物的丰产，从而赢得了人们的崇拜。

狄奥尼索斯身上挂着常春藤，一手端着酒碗，一手持着爬着葡萄藤的权杖，权杖顶端是一颗精致的松果。他所到之处，都有很多追随者。巴卡疯女、森林精灵、水泽仙女等，她们头戴常春藤花环，身披兽皮，手持节杖，抛家弃业，长期跟随狄奥尼索斯漫游人间。

酒神在冬天死去，第二年春天再次复苏。因为他与植物的关系密切，又被尊为死而复苏的大自然之神。人们很容易将他与大自然神萨巴奇奥斯混为一谈。萨巴奇奥斯是个人头羊身的神，耽于欢愉。最初的酒神节多是为了祈祷丰收，每年春季葡萄藤长出新叶或秋季葡萄成熟时，希腊人都要举行盛大的庆典。后来，因为萨巴奇奥斯的形象混入，酒神节也沾染了释放和欲望的含义。

在春暖花开，草长莺飞的三月，雅典迎来了一年一度的“大酒神节”，这是所有酒神祭祀活动中规模最大的一个。舞蹈队热情洋溢地环绕着狄奥尼索斯的祭坛，人们半身裸露半身披着兽皮，头戴花冠，装扮成酒神的追随者，在祭典上翩翩起舞。同时，歌队高唱即兴的酒神赞歌，通常是一首抒情合唱诗，芦管伴奏，热闹非凡。后来的酒神赞歌环节发展为表演竞赛，每个合唱队也扩大为50名成年男子和男孩儿共同组成。

歌队感谢狄奥尼索斯对人类的贡献，哀伤他的不幸遭遇，并庆祝他的再生。由此，诞生了古希腊伟大的悲剧和喜剧。因而，狄奥尼索斯也被视为戏剧之神。

节日的欢愉将持续整整一天。庆典结束后，黄昏的余晖映照着人们热情欢笑的脸庞。稍显疲惫但依然兴奋的人们开始躺在椅子上畅饮美酒。男人女人聚集在一起，喝着供应无数的葡萄酒，习习夜风吹得人飘飘荡荡。酩酊大醉的人们忘掉平日的戒律，抛开道德与伦理，寻求情绪的释放。

酒神崇拜在古希腊信仰中占有重要地位。他们赞美生活，接受生命的反复无常，敢于打破禁忌，体现了古希腊人对自由和解放的渴望。

第一篇

文明从爱琴海升起

我们就像一群青蛙围绕着一个水塘，在这片海的沿岸定居了下来。

——柏拉图

第三章　爱琴文明克里特

当埃及文明与两河文明交会时，爱琴海就成了必经之路。紧邻爱琴海的克里特岛，融合了这两大文明的优点，带有浓厚的模仿色彩，成为爱琴文明的起源，并与后来的迈锡尼成为爱琴文明不同时期的文化中心。克里特人是最早进入奴隶制社会的欧洲人，从这个意义上讲，克里特文明也是欧洲文明的起源。

牛头人身怪的传说

你一定听说过金字塔附近的狮身人面像。作为古埃及人的图腾，狮子是力量的象征，这个雕塑正是埃及法老的写照。而位于爱琴海上的克里特岛，也曾出现过半兽半人的艺术形象。克里特文明为西方文明之滥觞，它的每一个传说都让人浮想联翩，也成为学者探索历史的一张模糊地图。

在古希腊神话中，克里特岛的国王是宙斯的私生子。关于克里特文明，有这样一个传说。

贵为天神的宙斯，偏偏爱惹一身风流韵事。有一回，他爱上了腓尼基王国的公主欧罗巴。为了吸引欧罗巴，宙斯化身为一头姿态优雅的白色公牛，趁着欧罗巴毫无设防愉快地骑到牛背上的时候，便驮着她径直奔入大海。

欧罗巴一路惊慌失措，直到公牛带她抵达克里特岛，才发现这竟然是天神宙斯。余晖倒映在海面上，清风吹动着欧罗巴飘逸的长裙时，英俊的宙斯表达了自己的爱慕之意。他们很快相爱了，欧罗巴还为宙斯生下一个儿子，取名米诺斯。长大后的米诺斯就自然成了出生地克里特的国王。

米诺斯的伯父海神波塞冬曾让他献祭一头牛。但米诺斯太爱那头健美高贵的牛了，不舍得拿去献祭，就私自供养起来。波塞冬原本就对宙斯不服气，现在又受到侄子的怠慢，一怒之下，他施以法力，让米诺斯的妻子爱上了那头未被献祭的公牛。也许他也想借机嘲弄弟弟宙斯和欧罗巴的爱情吧。但这回，公牛是真的公牛，不会变成神仙了。可怜的米诺斯王后生下了一个怪物，牛头人身，被叫作米诺牛。

米诺斯追悔莫及，为了掩盖家丑，他请来国内一流的建筑师，下令要修一座复杂庞大的迷宫，将米诺牛永远囚禁在迷宫深处。建筑师干得很棒，把迷宫设计得交错纷乱，人一旦进去就别想再出来。

怪物有个让人厌恶又恐惧的特点，它不吃草，只吃童男童女。米诺斯当然不能坑害自己的黎民百姓。当时，雅典不堪克里特的挑战，俯首称臣，米诺斯就要求雅典每年送来7对童男童女作为米诺牛的美餐。

雅典人苦不堪言，哀声一片。国王爱琴也无能为力，只好让有孩子的人家抓阄，眼睁睁看着不幸的青少年年复一年地送死。终于有一回，有人自告奋勇当贡品前往克里特，还扬言要杀掉怪物，为雅典除害。国王一看，不是别人，正是自己的小儿子提修斯。国王担心儿子此去凶多吉少，但又为他的勇敢担当感到欣慰。提修斯临行和父亲约定：如果归来的船上挂起白帆，就说明顺利凯旋，如果挂了黑帆，那就是自己已经不在了。

爱琴忍痛和小儿子道别，看着船开出海面，泪湿衣衫。

朝贡的队伍登上克里特岛时，克里特公主阿里阿德涅对提修斯一见钟情。她也不想自己心爱的人被怪物吃掉，就偷偷送给提修斯一把宝剑和一个线球。提修斯带着这两样东西和献祭队伍进入迷宫。找到米诺牛之后，提修斯拔出宝剑，向牛头奋力砍去，怪物惨叫一声就倒地不动了。聪明的提修斯利用线球的标记原路返回，带领孩子们轻而易举地离开了迷宫。

为了防止克里特人的追赶，他们凿穿了克里特所有船的船底。在公主阿里阿德涅的帮助下，逃出了克里特。

但故事总会留有遗憾。有人说，公主没有和提修斯一起走。还有人说，公主在去往雅典的路上暴病而亡了。总之，提修斯悲痛万分，以至于忘记了和父亲的约定。他没有挂上宣告胜利的白帆。老国王远远地眺望，当看到天边出现一只小小的黑帆时，再也忍不住失去爱子的痛苦。他满脸泪水，一步步走向海水深处，绝望地自杀了。

人们钦佩提修斯的英勇，同时也悲伤国王的离去，为了纪念国王，就将那片海命名为爱琴。

你也许为这个悲剧结局感到失落，英雄的命运为何总不能完满，就像阿喀琉斯注定要带着脚踵的硬伤。不过，他们的故事并没有因为缺憾而减损魅力，反而流传得更为久远。正是这些缺憾没有让神明、英雄们完美无缺、高高在上，而是和我们的心灵情感紧密相连。因为神话终究属于现实世界，它就是我们凡人的写照，也是当时社会状态的反映。

【相关链接】

腓尼基人

腓尼基人是犹太人的近邻，也是闪米特人的一个部落，早年间定居在地中海沿岸。腓尼基面朝大海，交通发达，其东面的黎巴嫩山区盛产轻质木材，为造船业提供了便利条件。所以腓尼基人从事航海贸易有着得天独厚的优势，在全盛期曾控制了西地中海的贸易。

第一个海上霸主

“有一个地方叫克里特，
位于深红葡萄酒色的海中，
一片美丽富庶的土地，
四面环水，
岛上的人多得数不清，
城市有九十个。”

当荷马弹着竖琴对人们唱起这段歌词的时候，希腊人已经遗忘这孕育出古希腊文明的克里特岛，也忘了它曾以强大的海军舰队控制过自己脚下的土地。

克里特岛拥有得天独厚的地理环境，它处于欧、亚、非三洲的交汇处，连接腓尼基与意大利、埃及与希腊，是名副其实的地中海贸易中心。克里特岛有着爱琴海地区罕见的沃土平原，农产丰富，林木蓊郁。借着商业要道的便利，克里特人通过海运输出自己的产品，又将外地商品引进岛内，从中获取了巨大的利润。

克里特人还从埃及学来了造船技术，但他们造出的船容量更大，速度更快，设计复杂而操作简便，超过了以往地中海上的任何船只。他们按用途把船分为货船和战船。货船船身宽大，甲板上筑有坚固的仓房来装载货物，适合远洋航行。战舰则轻装上阵，在埃及式战船的基础上做了改进，以柏树为材料，船头高高翘起，船尾设有强硬的冲角，以便防御敌人，给予有力的回击。

有一点需要说明的是，克里特发达的海上贸易并非单纯指今天世人眼里的贸易。他们财富的获得方式还包括原始野蛮的掠夺。这在当时并不违背道德规范，相反，海上掠夺是许多海上国家的日常活动，甚至有的国家就以劫掠为生，比如被称为“海盗民族”的腓尼基人。国王和海盗分别掌握着陆地和海上的统治权，相互依存。

克里特曾有一位兼有海盗与国王双重身份的统治者。他就是神话传说中的米诺斯。

米诺斯头脑冷静，意志顽强，是一位卓越的政治家。他一手抓经济，一手抓政治，水陆并进，把海盗事业和治国政绩高效融合于一体。他要一手抓财富，一手抓江山。为此，他为自己的王国打造了一支专业化海军舰队。

米诺斯亲自担任海军统帅，为军队制定了3条核心军规。简单说，他的舰队要求极严，不让其他海盗抢掠自己，也不让他们抢掠别人，只能自己去抢掠别人。所谓知己知彼，百战不殆。海盗出身的米诺斯谙熟敌人的惯用伎俩，在海军将领的培训中，他详细讲解了海盗的目标锁定、袭击方案、抢夺分工等具体步骤，剖析每一种攻击手法，最后制定对策，一一破解。军队战士也不辱使命，个个健壮勇武，意志顽强，只要是为了金钱和霸权，他们就不会顾惜自己的生命。如此高明的军事指挥，精细的作战准备，加上素质出众的海军，让米诺斯的舰队很快强大起来。

相比于米诺斯训练有素的舰队，地中海的其他海盗就脆弱多了。他们无组织无战略，在一次次交锋中，被米诺斯杀得落花流水。经过长年征战，希腊半岛、埃及、小亚细亚都留有米诺斯的威名。整片爱琴海几乎都是他的领地，他还封自己的儿子们做了一些岛屿的总督。这个被修昔底德称为“第一个组建海军的人”，也成了世界历史上第一个海上霸主。海盗猖獗混乱的时代过去了，米诺斯舰队清除了克里特海上贸易发展的障碍。克里特文明也由此走向顶峰。

也有一种说法认为，“米诺斯”不是克里特国王的名字，而是对王的一种称呼，正如埃及的“法老”一样。这个解释也未必不妥。但无论米诺斯如何强大，如果没有优秀的继承者，他的统治也只能兴盛一时。米诺斯死后，克里特的军事力量江河日下，海上贸易再度混乱。

随后，克里特岛又迎来了一次灭顶之灾。距离克里特岛不到100千米的锡拉岛突然火山喷发，烟柱直冲云霄，威力之大甚至波及万里之外的北美洲。更可怕的是，火山喷发引起了海啸，巨浪瞬间席卷了克里特岛的一切。曾经繁荣绚烂的文明，就如同罗马的庞贝古城一样销声匿迹了。

【相关链接】

地中海的海盗历史

对于过去的海盗，我们不能用今天的道德标准去衡量。直到19世纪，他们一直以正当的身份在地中海上活跃着，海上劫掠是他们赖以生存的方式。在伊丽莎白时代，英国女王是海盗的最大头目，还对西班牙展开了公开的劫掠。同样的，法国、西班牙、葡萄牙以及北欧、北非沿岸一带都曾以国家的名义大力发展海盗事业。

米诺斯的五星级居所

1893年的一天，在雅典的一家小商店里，考古学家伊文思博士出于好奇买下了一些小石块。这些被希腊妇女当作护身符佩戴在身上的石块，刻着一些没人能够解读的文字。伊文思没有想到，就是这些无人问津的小石块，让他揭开了一段古老文明的面纱。

7年后的春天，伊文思来到克里特岛的克诺索斯城遗址，经过两个多月的挖掘，终于在废墟之下发现了神秘的建筑群，这就是惊动世界的克诺索斯宫殿。

由于克里特岛历史上地震频发，克诺索斯宫殿经历了多次修整。克里特岛缺少金属和大理石，王宫主要由石灰石和石膏建成，辅以木材做窗户、屋顶和圆柱。整座王宫占地两万多平方米，围绕一个矩形中心院落向四周延展，上下五层楼，共1500多个房间。

中心向东，是国王的居住区。著名的双面斧厅就在这里，因里面悬挂的双面斧而得名。双面斧厅分内、外两室，以折叠门扇相隔，冬暖夏凉。国王就住在双面斧厅隔壁，寝宫壁画上还画着欢快游戏的海豚。

最让人惊叹的是王宫的卫浴设施，他们讲究卫生舒适的程度远远超过同时代的其他民族。他们用石头建成水道，把山上的流水和雨水积存下来，引入浴室和厕所，而且还有专门的

“下水道”。下水管道用陶土制成，粗得可以装进一个人，还有清除沉淀物的功能。房间里还有火炉，可供应热水。这大概就是最先每天在澡盆里泡热水澡的民族。

迷宫底层设有许多仓库，里面摆满了与人等高的陶缸，装着无数的美酒、粮食和橄榄油。王公贵族当然享受着奢华的生活，不过，在饥荒灾祸到来的紧急时刻，这些食物就会被发放给平民。仓库由石板铺成，石板下另有洞天。那里隐藏着王室辉煌的宝库。但伊文思只找到了少量黄金，因为它早被人掠夺空了。

克里特人还留下了我们目前所知最古老的剧院，它能容纳四五百人。但我们无法得知他们在剧院观看的内容。从相关艺术作品推测，这里也许会表演歌舞，或者斗牛。

连接各个厅堂房间的是宽阔的石头阶梯，交错纵横，四通八达，也最容易让人迷路，一旦进去很难找到出口。古人认为，这座宫殿的设计师是当时的名匠代达罗斯，后来他的名字就用来指代迷宫或字谜。

我们知道米诺斯国王曾独霸爱琴海，手段强硬，精明干练。但在克里特艺术中，国王并不是不可一世、威严凛然的枭雄形象，而是优雅中透着高贵气质。在那幅著名的国王壁画中，年轻的国王身材修长，神色愉悦而沉静，和真人一般大小。他头戴百合花冠，中央点缀着鸟禽翎羽，佩戴着蓝色红色的项圈和手镯。克里特人崇尚自然，在国王画像中并不展示权力，国王身边没有狮子老鹰，只有一丛丛清新可爱的花草，艳红为底色，给阴暗的厅室带来明亮疏朗的景致。

除了埃及，大概没有哪个地方的绘画如此关注大自然了。克里特画家在泥灰未干的墙上落下彩笔，柔和的色彩便均匀地渗入墙壁。他们让冰冷的墙壁开出美丽的水仙、百合、郁金香，让墙上生长出枝叶茂盛的绿树，可爱的小动物在其中悠然呼吸。看了这些，你将不会再把卢梭当作发现大自然的第一人。

宏伟的宫殿，也不失对精致的追求。他们把精致的装饰品如花瓶、小陶器、小雕像等摆放在卧室或者客厅，还在墙壁的石灰石间画上了花纹饰带。他们的青铜脸盆、水罐和刀剑上装饰着动植物图案，甚至镶嵌了稀有的象牙和宝石。他们的陶器应用于各个生活细节，餐具、灯座、储物罐乃至神像。他们最完美的杰作被称作蛋壳陶器，厚度仅有1毫米。

让我们回到最初吸引伊文思的那些带字的石块上。在王宫中，的确发现了数千块泥板，上面刻着不同时期的文字，其中一种图形文字的确和小石块上的图案相同。另外两种曲线文字被伊文思分别命名为线形文字A和线形文字B。这些失传的古老文字将在沉默中等待后人的一一破解。

【相关链接】

代达罗斯的传说

代达罗斯本是雅典的艺术家，由于嫉妒外甥的技艺而把他杀死，遭到雅典的放逐。他逃到米诺斯王国，国王惊叹于他的出色工艺，将他任命为首席工程师。没想到，他暗中帮助王后与公牛约会，他和儿子又被国王关进了迷宫。代达罗斯自制翅膀，和儿子伊卡路斯逃走飞向地中海，儿子由于疏忽坠落海中。代达罗斯悲痛不已，一路飞到了西西里岛，带去了克里特先进的文化艺术，成为西西里文明的奠基人。

【专题】女祭司的疯狂，无非为了一场丰收

假如你生活在3000多年前的克里特岛，你一定明白，大街上托着果篮怀抱鲜花的妇女不是去参加宴会；吹着海螺唱着歌的队伍也不是在表演大合唱；女祭司没穿衣服，在树下疯狂地把果子摇落一地，她不是精神病人。他们费尽心思地折腾，不过是想呼唤神，取悦神，好求得一场大地的丰收硕果。

早期人类普遍认为，不仅人有灵魂，草木鸟兽也是有灵魂的，甚至无生命的日月山河都被他们奉为神明。克里特人也信仰万物，认为世间充满了善、恶两种精灵。源于此，希腊神话中才存在那么多的山林精灵、水泽仙女。

不过，克里特文明的突出特点是，对女性神灵的崇拜高于男性神灵。在恶劣的生存环境中，死亡是克里特人最大的威胁。在克里特人看来，女性的生育能力可以当作对死亡的弥补，于是他们虔诚地崇拜女性神灵，把她当作万物的母亲。他们把女神形象塑造得非常丰满，周围伴有很多动植物，象征着女神的生殖能力。根据不同需要，女神呈现出不同面貌，有时是蛇、鸟、罂粟，或是某种兽首人身的形象。

伏尔坎诺斯是女神在山洞中产下的神子，这就是希腊人所说的宙斯。伏尔坎诺斯在克里特的地位仅次于他的母亲，日后受到的重视不断增多。泰勒斯说，水是万物的本源。在克里特，水的确被珍视，而伏尔坎诺斯就是雨水的化身，滋养万物，恩赐着克里特岛的农田和果园。

克里特人也有一套自己的宗教仪式。具体细节无法考证，但从出土壁画来推测，这套仪式比较烦琐，包含祷告、牺牲、象征、仪式等内容。尽管岛上没有庙宇，但户外的神圣之处都

设有祭坛。

宗教仪式开始后，一位被认定为女神的人物将盛装出场，她坐在轿子里，接受人们的致敬。祭坛的桌子上陈列着祭酒、牺牲、神像和象征物。比如，盾象征披坚执锐的女神，双面斧是必备的献祭工具，它让动物的鲜血更具神力。仪式通常是由女祭司主持，因为在祭祀队伍中，女祭司的地位高于男祭司。祭祀场景中只能看到少数男性，他们也都只是女神的配角而已。

在王宫里，祭祀活动往往呈现为另一种形式——跳牛。你可以借助今天的跳马来完成想象：跳牛者穿着紧身衣，身手矫捷，双手迅速抓住牛角，一跃而起，在牛背上翻个跟头，随即双足稳稳落地。也有人把这种活动理解为游戏竞技。不管怎样，这种惊险残忍的活动竟能够从古老文明流传到现代社会，也许正好证明人性的野蛮本质不曾改变。

第三章　迈锡尼文明

在克里特文明的末期，迈锡尼人攻占了克里特岛，接管了由克里特人把持的贸易路线，势力逐渐壮大起来，留下了辉煌的文明遗迹。而后，它又发起了特洛伊之战。但不久，迈锡尼的胜利就为它带来了衰退，随之而来的还有多利安人。

阿伽门农的金面具

伊文思博士对克里特文明的发现，其实不只源于小石块的启发。此前，德国业余考古人谢里曼来到古代的克诺索斯遗址，因当时土地所有者的漫天索价而放弃挖掘。这成了他生前最大的遗憾，但他曾经的考古工作已经成为19世纪的传奇故事。

谢里曼是一个狂热的荷马迷。从孩提时代，谢里曼就对《伊利亚特》格外痴迷，他一直不相信这只是个虚构的故事。长大后，他通过经商赚了一大笔钱，然后将自己所有的财富、时间和精力投入到一场漫长的神话证实中。按照荷马史诗的叙述，凭借惊人的直觉和坚定的信念，在小亚细亚西北角的山下，他果然发现了特洛伊城遗址！继而为寻找阿伽门农的王国，他又发现了迈锡尼王陵！由此，希腊人的历史向前推进了400多年，迈锡尼文明的全貌在世人面前赫然呈现。

远远望去，古老的迈锡尼城堡遗址威严坐落在伯罗奔尼撒半岛险峻的山峦上。克里特文明后期，海上强盗再度猖獗。为避免海上危机的突发，警惕的迈锡尼人把城堡建在距大海10英里以外。城堡被一些村落和农田环绕，以保障基础生存。他们还为城堡修筑了高大坚固的城墙，石板巨大，据说最小的石板两头骡子也拉不动。后来的希腊人认为，那是独眼巨人的杰作，所以把这些庞大牢固的城墙称作独眼巨人墙。这些城堡充分利用山体坡度进行改进，一旦有不速之客来袭，军队就可以从两面有力夹击。牢不可破的城堡高高在上，震慑着敌人和百姓，尽显王者之威。

城堡的入口处屹立着著名的狮子门，高4米，宽3.5米。门柱由不规则的巨石垒砌，门楣砌成三角形，上面刻着两只威风凛凛的雄狮。据专家估测，门楣大概有20吨之重。两狮子相对而立，前爪搭向中央，因年代久远而体态模糊，甚至两个狮头都已遗失，但它们守卫城堡的壮观气势依然不减当年。

在狮子门后的山谷中，掩藏着迈锡尼城两大陵墓园，其一是圆顶墓，其二是竖井墓。

走入一段几十米长的石头墓道，经过一道青铜大门，一座圆形大厅便展现于眼前。石头砌成的墙壁上，装饰着青铜制造的圆花。大厅侧面有逼仄的小路通向墓室。圆顶墓一定程度上借鉴了克里特的墓穴风格，比克里特的墓穴规模更大，拱顶高耸，室内肃穆。可惜的是，这里和克里特王宫一样，也早被盗墓者洗劫一空。圆顶墓由巨大的石块建成，形似蜂巢，所以也叫“蜂巢墓”。

竖井墓的年代早于圆顶墓。人们把死者埋在一个大深坑里，用石头砌起竖井一般的坟墓，墓顶是雕刻勇士图像的石板，堆土成冢，树碑为念。墓穴口直径有30米，下面有石头祭台，周围是“井”字通道。谢里曼认为，这是用来盛放牺牲的血，以便死者享用。每座竖井墓几乎都葬有两名以上的死者，他们身上各自覆盖着黄金制品，可见墓穴主人的贵族地位。

在一座竖井墓中，谢里曼发现了一具男性干尸，脸上戴着一张纯金面具。当他揭开面具时，惊奇地发现下面是一张完好的面孔。经过鉴定，死者在35岁左右，这与荷马史诗中阿伽门农死亡的年龄恰好吻合。

因过于迷信荷马史诗，这位堂吉诃德式的考古学家认定，此人正是阿伽门农。随后，谢里曼给希腊国王拍了一封电报：我以无比激动的心情向陛下宣布，我发现了阿伽门农的安葬地！

然而，其后对黄金面具的鉴定让谢里曼多少有些失落。这张纯金面具的制造年代约为公元前1550年，而传说中的阿伽门农生活在公元前13世纪，显然在此处长眠的人并非阿伽门农本人。但或许人们出于对英雄时代的向往和敬意，将面具的名字保留下来。这是目前欧洲最早的肖像工艺，也被看作是迈锡尼文明的最好证明。

谢里曼的错误并没有降低他的实际价值。要知道，在他之前，很多专业的考古学家在寻找特洛伊的起点上就放弃了，定式思维告诉他们，荷马史诗只是个架空的神话。而谢里曼用毕生精力实现了儿时的梦想，无论在人们看来有多荒诞，毕竟他带世人追溯出瑰丽的爱琴文明。

【相关链接】

堂吉诃德

西班牙作家塞万提斯于1605年和1615年分两部分出版反骑

士小说《堂吉诃德》。主人公堂吉诃德幻想自己是个骑士，做出了种种令人匪夷所思的行径，最终从梦幻中苏醒过来。如今，“堂吉诃德”成为一个象征性符号，多被用来指那些勇敢坚持自己的理想，敢于挑战社会不合理现象、不顾众人嘲笑仍坚持一己信念的人。

账本中的历史

有个年轻小伙名叫多利亚斯，他欠了王宫太多东西。欠条上写着：2200升大麦、526个橄榄、468桶酒、15头公羊、2头公牛、1头母牛，还有1头肥猪。我们先别急着同情他，因为那都是3000多年前的事情了。我们需要关心的是，迈锡尼人的账本为何能流传至今，我们该如何解读。

当克里特文明达到辉煌时，迈锡尼才刚刚成长起来。它逐渐成为克里特最好的贸易伙伴，也以克里特为师，发展起自己的王国模式。所以我们发现，迈锡尼的文化形式、社会体制都带有米诺斯时期的味道。也难怪在没有文字记载的情况下，伊文思一直认为，迈锡尼始终受着米诺斯霸权的统治。

迈锡尼人用的书写材料一定不易保存，以至于在3万平方米的遗址中，什么记录都没留下。而克诺索斯王宫中发现的泥板得益于意外的火灾，令泥板被大火烧制成陶片。直到1939年，在希腊西南部派罗斯宫殿遗址又挖掘出600多块刻有线形文字B的泥板。19世纪50年代，这种文字终于得到破解。很巧，这回又归功于一位业余语言学家——英国的年轻建筑师文特里斯。他告诉我们，每一个优美的弧线符号都代表一个音节，共有60多个符号，这可比26个字母的英语要难得多。

随着文字的解读，迈锡尼文明的面貌进一步浮出水面，也证明了伊文思判断的错误。早在公元前1500年，迈锡尼人已经统治克里特岛。他们早期使用的就是古希腊语，并根据古希腊语对线形文字A进行改编。迈锡尼人就是希腊人。

而泥板本身的内容更体现了迈锡尼人的有趣和可爱。泥板不颁布诏令，也不涉及任何法律，却在简短的文字中把经济账目记录得不能再详细。每一块泥板都是迈锡尼人的账本。他们知道一个叫莱昂的地方产多少麻布，一个名为爱来克特朗的人有多少英亩地产，甚至，克里特有22051头羊。某个村落雇了两名护士，他们记下：一个男孩，一个女孩。特扎罗先生有两头公牛，他们记下：一个叫格拉希，一个叫布来奇……

透过这些包罗万象、细致入微的条目记录，我们看到了迈锡尼社会完备体制下的贸易发展。他们继承了克里特文明的地理优势和海上强权，积极发展海上贸易。岛上很多富余的产品被远销各国，有地中海特产的葡萄酒，手工艺人的陶器、纺织品、皮革制品。商人们往返于销售地和货源地之间，出口的同时，也进口一些贵重的原材料，像铜、锡、金、银、象牙、琥珀等。国内优秀的手工艺人则将进口的材料加工成精美的奢侈品，再以高价出口国外。

而统治者享用的奢侈品，一般来自国家之间的友好礼赠。这不但促进了稀世珍宝的流通，也维系了地区的和平。一旦这种互惠模式被打破，就会激起另一方的不满，甚至兵戈相见。

纺织业在这一时期蓬勃发展。国内饲养了很多羊，女工们主要从事剪羊毛、纺线、针织等工作。一大批能工巧匠和他们的纺织技能被记录下来。

在迈锡尼众多出口产品中，一种小瓶的芳香油很受欢迎。希腊生长着大量优质的橄榄树，这种芳香油便是橄榄油和香料的完美结合。要知道，油在古代的地位非同寻常。你现在用橄榄油烹饪，但在当时它是上等的清洁用品。古希腊人没有肥皂，他们想洗澡时就把橄榄油涂在身上，用金属刮片把污垢和油一起刮下来。而用橄榄榨出的油气味并不美妙，必须加入香料才能让它更好闻。最好的香料来自非洲，可见迈锡尼人并不封闭。我们在整个地中海沿岸发现了大量迈锡尼时代的物品，迈锡尼人定居在小亚细亚、塞浦路斯、不列颠群岛，向欧洲腹地渗透。

和克里特文明相同，迈锡尼也采用“资源再分配”模式。统治者把农、林、牧副业产品集中起来，用以供应百姓，兴修公共设施，建设军队，还得赈灾。当国王的书吏也是一件精细严谨的工作，他要记下每一件从贮藏区运进运出的物品，写清它们的来路、去向和数量。而作坊区里，木匠、泥瓦匠、兵器匠、纺织工和香水制作人忙得不亦乐乎，空气中飘散着各种气味。

【相关链接】

派罗斯

庞大的派罗斯王国位于爱奥尼亚海岸，地势险要，是迈锡尼文明时代的重要中心。在《伊利亚特》中，英雄涅斯托尔就是派罗斯的国王。公元前7世纪上半叶，第二次美塞尼亚战争期间，该地曾英勇抗击斯巴达，失败后，居民外徙。此后，漫长的岁月把曾经的灿烂化为乌有。经后世发掘，发现大批线形文字B，以及其他迈锡尼时代文化的宝贵遗物。

一个苹果引发的战争

一场战争的爆发可能有什么因素呢？城邦之间，无非利益与霸权。迈锡尼文明晚期发生的特洛伊战争，就是迈锡尼人与特洛伊人对海上贸易控制权的一场争夺。而荷马在《伊利亚特》中，则把这场战争归因于女人的促狭、虚荣和美丽。

人与神的第一次结合，发生在希腊英雄佩琉斯和仙女忒提斯身上。他们的婚礼邀请了众多神明。酒席上觥筹交错，大家都为这对新人祝福的时候，有一位面目阴沉的女神甩袖离去。原来，这就是因没有收到请柬而满心不快的争吵女神。她决定要让今天的嘉宾们不欢而散。于是，她在甩手而去的一刻，从袖中掷出一个金苹果。

她的用心不在金苹果，而在苹果上的一行小字：献给最美丽的女人。

宴会上女神众多，个个心高气傲，尤其是天后赫拉、智慧女神雅典娜和爱神阿弗洛狄忒。她们为了这个美称争执不下，请大家评判。而众神知道，这3个女子谁都不好惹，便把这个差事丢给了特洛伊王子帕里斯。

帕里斯出生时，母亲得到神谕，说儿子将为特洛伊带来灭顶之灾。于是，帕里斯被遗弃山中。当3位女神飘飘然来到他面前时，他正在山坡上牧羊。为了得到金苹果，3人都使出了浑身解数贿赂帕里斯。赫拉说，我能给你取之不尽的财富和权力；雅典娜说，我能给你最高的智慧和军事才能；阿弗洛狄忒走近一步，嘴角含笑，轻声说：如果王子能助我得到这个金苹果，我将送给你世间第一美女。帕里斯眼睛一亮，耳朵一软，毫不犹豫地把苹果交给了爱神。

阿弗洛狄忒得意而归，帕里斯却得罪了赫拉和雅典娜。特洛伊的灾难也自此埋下伏笔。

其后，帕里斯经过一番努力，还是回到特洛伊成为王子。爱神兑现了承诺，她唆使帕里斯前往斯巴达参加国王墨涅拉俄斯的酒宴。在酒宴中，帕里斯爱上了一位妩媚动人的女子，荷马称她为“女人中闪光的佼佼者”——“世间第一美女”海伦王后。

趁墨涅拉俄斯外出的几日，帕里斯与海伦互生爱慕，被爱情冲昏了头脑的帕里斯劫夺了王宫财宝，与海伦私奔而去。

胆大的帕里斯激怒了墨涅拉俄斯。蒙羞的斯巴达国王立即向希腊各城邦发出请求，联合讨伐特洛伊。墨涅拉俄斯的哥哥、迈锡尼国王阿伽门农成功说服了最精明的希腊人奥德修斯和勇武的英雄阿喀琉斯参与讨伐大军。

各路英豪云起响应，大家推选阿伽门农为统帅，率10万大军，千艘战舰，浩浩荡荡开赴特洛伊。

希腊联军士气高昂，但事情并没有想象的顺利。他们击败了特洛伊的海上军力，但由于不熟悉地形，在登陆时遭到了特洛伊的反攻。坚固的城墙和复杂的防御建设保护了特洛伊人。希腊联军只好在城下的海滩上长期驻扎。这一对峙，就是10年。

10年中，阿喀琉斯因与专横的阿伽门农发生冲突，一怒之下退出联盟。阿喀琉斯的好朋友帕特洛克罗斯为了重振士气，假扮阿喀琉斯出战，不幸被特洛伊大王子赫克托耳所杀。

悲痛的阿喀琉斯为了给挚友复仇，与阿伽门农和解，披挂上阵，要与赫克托耳决一死战。赫克托耳预感不祥，但为了保护特洛伊，他毅然告别了妻儿，奔赴战场。工匠神赫淮斯托斯为阿喀琉斯打造的铠甲和盾牌让他如虎添翼，占据上风。他追赶赫克托耳绕城3周，终于用矛刺穿了赫克托耳的喉咙。阿喀琉斯本想把赫克托耳的尸体抛于荒野。特洛伊老国王看到儿子牺牲的悲惨，声泪俱下地向阿喀琉斯求情，终于收回了儿子的尸体。

而阿喀琉斯在不久之后，被太阳神阿波罗射中致命的脚踵，中毒身亡。

双方各失去了一位英雄将领。就在战争要恢复僵局之际，机智的奥德修斯想出一条妙计。希腊联军竟然烧毁了自己的营帐，全部撤回战舰，只在城外扔下一只硕大的木马。特洛伊人以为自己终于大获全胜，开城欢呼，并把木马当作战利品运回城中。

就在特洛伊人庆祝胜利之后的深夜，木马发生变化了。希腊人从马腹中爬出，偷偷打开城门，与城外的希腊联军里应外合，迅速展开了一场毁灭性的屠杀和掠夺。希腊人撤离之后，放了一把大火。曾经宏伟强盛的特洛伊城，就此化为灰烬。

这便是帕里斯抢走海伦所付出的代价。但它已不再是红颜祸水的意义，而是城邦荣誉与个人荣誉的争夺。

10年特洛伊之战也间接导致迈锡尼文明的终结。不过，这是一个最坏的时代，也是一个最好的时代，战火纷飞之际，英雄辈出，英雄们的光辉为后人带来取之不尽的精神财富。

【相关链接】

海伦的结局

特洛伊城破之后，墨涅拉俄斯在混乱之中找到了海伦。他本想一剑将海伦杀死，但此时的海伦在阿弗洛狄忒的法力帮助下变得更加美丽。墨涅拉俄斯的愤怒平息了，他瞬间忘记了海伦的所有过失。当海伦跟随丈夫来到战舰上，所有士兵都为她倾国倾城的美貌震惊，为这样的美人，辛苦征战10年也是值得的。没有人伤害她，怪罪她。海伦也得到了墨涅拉俄斯的宽恕，夫妻二人和好如初。

多利安人抢地盘

公元前1100年，迈锡尼城市变为狭小的村落，很多乡镇被夷为平地，变得荒芜一片。希腊半岛人口锐减，成千上万的人背井离乡，逃难到别处。曾经繁盛一时的文明，为何突然荒凉凋敝了呢？

迈锡尼文明辉煌了不过200年。特洛伊之战虽然取胜，但阿伽门农回国不久就被妻子毒死。国王驾崩，群龙无首，迈锡尼很快陷入混乱。国力被消磨殆尽，迈锡尼逐步走向衰落。

仅是一个国王的死，也许不能导致一个文明的衰朽。很不幸，迈锡尼文明晚期内外交困，再也没有力量重整旗鼓。先是在地中海发生了一场持久的大面积饥荒，庄稼颗粒无收，粮食紧缺，农业工业陷于瘫痪，社会矛盾激化，从而引发了社会体制动摇。再加上地震频发和气候变化，更是令迈锡尼文明的生存环境趋于恶化，雪上加霜。

此间，地中海上掀起了一股“海上诸族”的侵袭势力，沿海各地动乱不已，包括西面的意大利、西西里以及其他毗邻岛屿都受到冲击。来自海上的劫掠者又封锁了地中海东部的商业要道。很多原材料失去了进口渠道，产品的出口也遭到拦截。对外贸易的停滞让产品更加匮乏，产业链被迫中断，各国间的沟通交流受到影响，迈锡尼文明自然也受到了严重打击。这些海上民族究竟是什么人，从哪里来，还是一个未解之谜。

就在迈锡尼社会面临全面崩塌的时刻，多利安人乘虚而入了。他们是希腊传统上所称的大力神赫拉克勒斯的后裔。他们把自己的入侵称为“重返家园”。高大、圆头、爱战斗、不识字是多利安人的显著特点。他们从北部入侵伯罗奔尼撒半岛，铲除了各个城邦的统治阶级，将剩余人变为自己的奴隶。这些胜利者趾高气扬地声称，他们本来可以和平地回到自己的故乡，但遭到希腊人的抵抗，才不得不诉诸武力。多利安人就是这样以野蛮战胜文明，将一场血腥的征服说成是神圣的权利。

迈锡尼文明被铁石心肠的多利安人摧毁了，但入侵者丝毫没有愧疚。迈锡尼的建筑、手工、文字、艺术等就此失传。多利安人重军事，轻文化。希腊半岛仿佛一夜间倒退回没有曙光的黑暗中。城市遭到毁坏之后，大多数人只能住在简陋破败的农村，那里到处是低矮的土坯房或茅草屋。食物供给常常难以果腹，生活十分艰难。社会秩序也并不和谐。人们走在路上要随时配备武器防身，暴乱动荡不断，农业生产和海陆贸易各方面都受到阻碍。很多家庭颠沛流离，找不到一方能让他们安定生活的土地。

考古学家把这段时期称为“黑暗时代”。这不仅是因为文明的陨落，也是因为这段历史无据可考，既没有文字记录，也没发现任何能代表这一时代的标志性建筑。

诗人赫西俄德曾对这个时代表示悲叹。绘画艺术受到冷落，雕刻家仅仅满足于雕像。陶艺也放弃了爱琴文明时期精致优雅的风格，取而代之的是一种简单原始的几何图案。

几何陶器的标志性图案是同心圆或半同心圆。希腊艺术家把笔固定在一个有铰链的罗盘上，这样画出的弧形就会非常精确。这大概就是圆规的最初模型吧。不过，黑暗时期的工匠的确没有能力模仿迈锡尼时代的陶器形状和装饰风格，工艺和美感都远远逊色于后者。诗人认为这种陶器毫无生气，是文明的堕落。但此后，古希腊的陶器在几百年间都保持着这一主要风格。

不过，我们依然可以找到一些文化发展的痕迹。多利安人虽然毁掉了迈锡尼文明，但他们带来了大量的铁。他们是铁器时代初期派到希腊的使者。铁的制造比青铜复杂得多，所需的熔炉温度也更高。海上贸易的凋敝中断了青铜材料的进口，而人们在地中海东部发现了大量铁矿，铁器批量生产，希腊的铁器制造得到新的发展。铁质兵器更加坚硬，不易磨损。

在冶铁技术方面，希腊要比近东地区先进得多。在公元前11世纪，希腊工匠已经掌握熔化和加工铁的技术。而巴勒斯坦到公元前10世纪末才以铁代替青铜，埃及直到公元前9世纪才开始使用铁器，且仅限于宫内使用。

诗人荷马把这段时期的民间生活和神话传说整理成两部史诗:《伊利亚特》和《奥德赛》，这几乎是关于这段时期的全部文献了。所以，“黑暗时代”也被称为“荷马时代”。又因为荷马史诗主要是对英雄人物的颂扬，所以也被称为“英雄时代”。

【相关链接】

荷马与口头诗歌

在古希腊，当没有系统记录历史的文字时，历史只能用韵文吟唱。专业的游吟诗人在公众场合，一边弹着竖琴一边演唱。诗人荷马把当时流传的英雄赞歌汇集起来，加以删减，形成了两部伟大的史诗杰作。直到公元前6世纪，荷马史诗才在雅典被抄录下来，并一直流传于后世。不过，我们无从了解荷马的生平，甚至也不能确定历史上是否确有其人。

【专题】没钱的时代，穷人吃鱼，富人吃肉

想知道英雄时代的希腊人是如何过日子的吗？为什么海伦贵为王后还去织毛毯？为什么奥德修斯午餐只是烤乳猪，没有馒头米饭吗？从荷马史诗中，我们可以窥探到那时一些琐细的生活图景。

荷马时代的社会也有贫富之分，但是衡量的标准并不是钱。因为那时的希腊还没有“钱”这个东西，财富是以物品计算的。最常用的筹码不是金属，也不是纸制品，而是牛。金属只是用来交易的媒介，铁、铜或者金被当作商品交换的一种价值标准。57磅金块称为1塔伦。最常见的交易还是物物交换。

较迈锡尼时代倒退一步，人们拙于艺术，善于行动。他们不喜欢文绉绉的文学，以为那没有大丈夫的豪气。他们唯一的文学便是军歌和史诗。但是他们对美有着不懈追求。荷马的希腊是一场美人梦。不用说女人的妩媚，连男人也英俊潇洒，长发美髯。他们割下自己的头发，放到朋友的火葬堆上燃烧，是

对朋友的最高敬意和献礼。

不像爱琴文明流行裸露，荷马时代的人们身上挂着一件四方形衣服，用别针固定，长及膝盖。女人头戴面纱，男人腰间围布。他们开始意识到身体与尊严的联系。男人赤裸腿部，女人则露出手臂。他们在室内通常赤足，只有在外出时才会穿鞋。爱好装扮的希腊人还喜欢佩戴珠宝，用玫瑰香油涂抹身体。

他们热爱自己脚下的土地，尤其喜欢那刚刚耕犁过的暗色泥土的气息。看着笔直的垄上，小麦在灌溉中绿油油地生长，人们脸上露出会心的微笑。冬天，他们还筑起堤坝拦住季节性水患。当荷马史诗中说到“洪水泛滥奔腾，震塌了堤防，长列的土墩无法支撑，果实丰饶的果园院墙也挡不住洪水的突袭”，劳作者的沮丧可想而知。

希腊半岛山林茂密，很多野兽出没其间，偶尔还会破坏庄稼。最初，人们迫不得已去打猎，后来才变成一种生产方式，并且发展成为畜牧养殖。养殖的人家通常都是富人，他们的牧场上有着牛、羊、猪、马等。他们三餐食肉，大块烤肉，早餐还会配上美酒。所以，奥德修斯午饭吃半只小猪，晚饭吃大猪的1/3。穷人则吃谷物和鱼，偶尔有蔬菜，听起来也不错，但和富人相比的确悬殊。穷人的酒也是浓度很低的掺水的酒。

迈锡尼文明时期，人们吃饭习惯也很特别。虽然他们不像雅典人那样躺着，确实是坐在椅子上，但他们没有大饭桌，而是贴着墙坐成一排，每两人之间有张小桌子。餐具只有自己带的刀，吃的时候用手直接抓取。

人们没有市场意识，无论店主还是手艺人从不为同行竞争发愁，他们会很敬业地每天工作很久。其实，他们更以自给自足为荣，几乎每个家庭成员都会一点儿手工技术，自己做一把椅子，织一张毛毯，做一幅刺绣都是值得骄傲的事情。所以，奥德修斯要亲自动手做马鞍，他的妻子也一直忙着纺织。

荷马史诗中的社会，普遍乡村化。城市就是那些聚集在城堡周围的村庄。有传令官和信差负责地区间的通讯。如果远距离联络，就会在一个个山头上传递烟火。他们所谓的奴隶也不过是做家庭保姆之类的服务，被视为家庭成员之一，和主人有着深厚的感情。这一时期的社会因为还处于原始时期，社会关系显得古朴而可爱。

第二篇

群星闪耀的希腊半岛

不应看它没做到什么，而应看它做到了什么。

——佚名

第一章　希腊睡醒了

爱琴文明被摧毁之后，古希腊陷入真正的黑暗中，但也是黎明之前的黑暗。经过时间的酝酿，一个崭新的希腊从晦暗中缓缓兴起，进入到“古风时代”。城邦建立了，领土拓宽了，政体完善了，这是古希腊文明形成的关键时期。

赫西俄德：城邦时代的记录者

“北风越过马群遍地的色雷斯，吹到广阔的大海上，搅得海水汹涌翻滚，所到之处，大地森林发出吼声，山谷中枝叶繁茂的高大橡树和粗壮的松树被连根拔起，倒在丰产的大地上。”当赫西俄德写下这些句子时，他正端坐在一所建筑精良的温暖房舍里，遥望着风雪中的赫利孔山。也许，彼时的他还不知，笔下的这首长篇叙事诗是后人研究希腊古风时代最生动的资料。

长达400余年的黑暗时代过去了，希腊半岛的文明逐渐从沉睡中醒来。黑暗时代已去，黄金时期未至，中间这段过渡期被史学家称为“古风时代”。希腊的历史变得日渐清晰，因为希腊人开始用纸草书写。在15世纪印刷机问世以前，希腊人不厌其烦地把流传下来的文本抄了又抄。其中就包括希腊文学史上第一部个人作品《工作与时日》。

它的作者赫西俄德住在波俄提亚城的一个小镇上。他自称，某天在山坡放羊的时候，遇见了缪斯女神，她向他的体内注入了诗的灵魂。此后，赫西俄德开始了诗歌创作。

和大多数希腊青年一样，赫西俄德痴迷于希腊大地上的神话故事，为此，他撰写了一部诸神系谱，但是对这首长诗的真正作者有很多争议。他唯一被后人明确认可的诗，是一首关于农民生活的田园诗，这就是《工作与时日》。

诗中，赫西俄德表达了对哥哥珀尔修斯的斥责和忠告。原来，在他们的父亲去世后，兄弟俩在分配父亲留下的土地时产生了矛盾。珀尔修斯靠贿赂法官从赫西俄德手里骗去了一份土地，富足的哥哥从此游手好闲，奢侈享乐，最终穷困潦倒，又来找弟弟求助。也许这只是作者因文学创作所需杜撰出的故事，无论如何，这都无关紧要。反而他笔下多姿多彩的乡村生活被人津津乐道。

传说，赫西俄德曾在创作比赛中赢了荷马，因为荷马歌颂英雄和战争，而赫西俄德更关心百姓和生活。他认为，人只有通过劳动才能增加羊群和财富，而且也只有辛勤劳作才能得到永生神灵的眷爱。在荷马史诗中，这些奖赏只属于英雄人物。赫西俄德把劳动看作和战场上的英勇一样美好的品德。简单朴素的乡村生活带来了脚踏实地的价值观。对于赫西俄德和他的邻居们来说，财富就是“谷仓里堆满维持生计的口粮”而不求于人，名声就是受到村中所有人的尊重。古风时代的道德观核心就在于辛勤劳作。

为了教导他的兄弟靠双手经营好自己的生活，赫西俄德还写下了从事农事的规则。比如，用月桂树或榆树做犁杆才不会遭虫蛀；9岁的公牛耕田力气最足；云中的鹤鸣预示着雨季的来临；二三月份要修剪葡萄藤，否则葡萄就没有收成；在仲夏之时要吩咐奴隶动手建造谷仓。接着，他叮嘱这位让人操心的哥哥，夏季不宜饮酒过度，冬季不宜穿衣单薄。透过细致入微的嘱咐和教导，一幅早期农村生活的画面清晰地呈现在我们面前。

表面上看，这首诗是作者写给他哥哥看的，但有些部分，赫西俄德又站在百姓的立场上，言辞激烈地斥责统治阶级。他称呼这些人为“侵吞贿赂”的“巴昔琉斯”，一针见血地指出他们恣意做出的不公正判决。他借用正义女神来威慑嚣张的统治者，说神灵在“监视着人间的审判和邪恶行为”。可见，那个时代里，希腊人已经形成基本的公民道德观，监督政府的胡作非为，敢于反抗不公平的管理。

赫西俄德坦诚地告诉我们早期希腊社会的丑恶，王公贵族们的奢侈生活都是寄生在农民的辛苦汗水上的。小农们生活在阶级压迫中，极端贫困，正所谓“遍身罗绮者，不是养蚕人”。在《工作与时日》里，我们可以听到农民揭竿而起的有力呼声，似乎此后的希腊民主改革者都是在赫西俄德的诗中应声而起的。

不过，赫西俄德所在的阶层本身也是剥削者。他理所当然地认为，农民应当雇佣几个仆役，计算好他们的食物，以便吃饱之后专心为雇主干活。他也对女性有着显而易见的偏见，认为那些敢与丈夫同席而坐的妻子全都厚颜无耻。把女人当作仆人还好，赫西俄德还认为，如果娶了一个依靠丈夫吃饭的妻子，那会败坏自己的名声，懒惰是女人最可耻的恶行。“信任女人就是信任骗子”。赫西俄德的女性观近乎商业化，但并不是他个人的好恶，而是古风时代常见的一种态度。

【相关链接】

城邦的形成

希腊半岛多为山地，分散的平原和贫瘠的土地不适合建立大国，人口少、规模小的城邦就成了最好的组织形式。公元前8世纪，随着文明的复苏，城邦社会渐具雏形。到了公元前7世纪初，希腊各地已有几十个地区形成城邦制社会。希腊城邦又被叫作“polis”，是古希腊特有的社会政治组织，对后世的国家政治有着深远影响。英文单词“political”（国家的、政治的）和“politics”（政治）两词的词根就是polis。

岛民的海外奋斗史

对于勇于冒险的古希腊人来说，得天独厚的地理环境为他们提供了扬帆远航的优势。但就像奥德修斯和同伴们在海上漂流10年，纵使身处温柔富贵乡，还是要千方百计地返回故里，因为希腊人对生于斯长于斯的大地眷恋情深。那么，他们为何要背井离乡进行一场轰轰烈烈的大移民运动呢？

其实移民海外是希腊人迫不得已的选择。随着希腊半岛上城邦的不断涌现，岛上的人口密集起来，所需的土地和粮食也日益增多。在资源紧张的情况下，万一遇到凶年饥荒，就会引发剧烈的社会矛盾。谁都不想看到惨剧发生，于是，一部分希腊人决定离开故乡，到更广阔的地方寻找生活的希望。当然，其中少部分人身为贵族，在权力斗争中失利，不得不另寻土地谋求归宿。

远赴他乡并不是个容易做出的决定。为了缓解城内危机，城邦召开公民大会共同探讨这一攸关全城邦命运的大事。没有人愿意离开故土，但是只有分散谋生才能更好地活下去。通常，每次移民远航前，城邦会征集自愿参加的公民。遇到特殊的强制情况，除了长子可以留下维系家庭，会要求每个家庭中年轻力壮的男子都参加移民。城邦先选定移民目标，获得神谕的支持以后，再指派一位创始首领，并制定新的定居点章程，比如每个人可以获得多少田地（一定比在故乡拥有得更多），令沉浸在离乡之苦中的人多少可以获得一些慰藉。

一切准备就绪，城邦组织船队，备好路上的食粮，将移民运送到目的地。在首领的带领下，人们含着泪水踏上了远行的船，背囊中载着亲人们无尽的叮嘱、祝福和挂念。

海风卷起的层层波浪拍击着船板，故乡的陆地变得渺茫。被动的航海更显得疲惫、枯燥，并且充满了未知的危险。越过重重波折，人们终于凭借智慧和毅力抵达了计划中那片陌生的地方。从荷马史诗中我们可以看到理想移民地的风光：

“大片绿油油的草地，
还生长着难以计数的葡萄，甜美可口，
平坦的地方……
若好好开垦，
一定可以收获大量的粮食。”

风尘仆仆的希腊人登上陆地，由首领带着大家安家立业。每位移民都分到了相应的住所和土地。他们不再享有母邦的公民身份，而在新的领地享有新的权利。谁的业绩出色，谁就会成为新城邦的统治者，死后就是这里的守护英雄。和母邦一样，他们在新的城邦沿城筑起高高的围墙，建立新的庙宇，让故乡的火种在这里继续燃烧，世代相传，亲族关系和共同的宗教使新城邦和母邦紧密相连。他们继续保持故乡的祭祀仪式，为此，还特地请男女祭司随行移民。

每个海外新城邦都与母邦信奉同样的神，使用同样的语言，传承着母邦的文化艺术，也保持着经济往来。久而久之，移民地也成了贸易的中转站。当时古希腊和腓尼基经济交流频繁，很多食物和器具通过各个移民地流通到双方的市场中。不过，新城邦在政治上不再依附于母邦，成为独立的自治机构。随着时间的推移，母邦和新城邦之间的关系也产生不同的变化，有的日益亲近，有的则日渐疏离，甚至发生冲突。

希腊人首先沿着腓尼基商人开拓的路线，在意大利和西西里群岛上建立殖民地，希腊半岛上的很多民族和城邦竞相来到地中海西部，寻到了肥沃的土壤，直到他们遇见迦太基人。雄心勃勃的迦太基人想在周边建立自己的殖民帝国，用武力驱逐了争夺者，希腊人的扩张就此终止了。于是，他们又转向东北方的赫勒斯滂海峡和黑海，那里有着丰富的鱼类和饱满的谷物。在建立了一些定居点后，他们同样遭遇了埃及和巴比伦的阻挡。经过法老的允许，希腊人只能在埃及沿海地区建立一些商站。

不过，经过200年的奋斗，希腊人还是大大扩张了自己的领地。这个广阔领域被称为“大希腊”。新城邦的人们遵从古希腊一切习俗，生怕落后于希腊半岛上文明的发展节奏，他们通过这些方式来表明自己仍是希腊人。

当然，他们也习惯性地把移民地的原住民视为“野蛮人”。背井离乡的希腊人和这些非希腊人共同生活，相互交易，平分领地，甚至通婚。只有少数城邦能够成功驱逐原住民，或者使他们成为自己的奴隶。其时，这本身也是一种野蛮行为。

【相关链接】

迦太基

迦太基是曾经坐落于北非沿海的一座城市，是腓尼基人在公元前8世纪建立的。古迦太基疆土辽阔，盛极一时，曾与古希腊争夺地中海霸权，后又与古罗马争夺霸权，最后在3次布匿战争中均被罗马共和国打败，并于前146年灭亡。迦太基城是今天突尼斯旅游的必行之地。

僭主政治：广受赞许的独裁

每一个新兴的复杂社会都呈现一种共同模式：人口增长，城市化，手工业兴起，商品贸易发达，文化艺术水平提升。大多数古代文明社会发展到这个阶段，财力、权力和军力都会集中到少数精英手中，随后便形成了君主体制。古希腊与众不同，探索着自己独到的民主道路。他们对最高权力不断审慎思考，并且从不以出身论统治地位。

随着城邦的发展，贵族政治体系在希腊各地广泛建立。原本就稀缺的土地资源中，贵族霸占了最好的部分。虽然很多人移民海外，缓解了耕地矛盾，但要让平民手中的贫瘠土地产出足够的粮食还是相当困难。法律也是由统治阶层的贵族们制定的，他们自然千方百计地维护自身的权益。越来越多不公平的判决让百姓深感恼火，却无能为力。

贵族阶层内部也因为权力和名誉的争夺连年恶战，年轻鲁莽的贵族时常发生激烈冲突，暴力和流血事件不断。由于贵族家族的血缘传承，其中的冲突也世代不休。在这种艰难的时代，如果有强人出现控制混乱的局面，必定会受到百姓的欢迎。于是，“僭主”应运而生。

在早期城邦时代，希腊各地都出现过僭主政治。“僭主”是指非正常选举而上台执政的人，他们用暴力等非法手段推翻贵族的寡头政治，建立起个人独裁统治。最初，这个词语并无贬义，僭主的政绩因人而异，有贤主也有暴君。后来，利益受损的贵族对夺权的僭主恨之入骨，到处进行负面宣传。加上有的独裁者不能肩负维护城邦公民利益的使命，而殃及所有人的财产和自由，人们自然会对统治者产生不满。于是，“僭主”一词就指代“暴戾恶毒的统治者”。不过，这一时期的人们普遍对僭主持赞许态度。

古希腊人对“世袭”毫无兴趣，他们衡量一个人是否值得拥护为统治者，不是看他的出身而是看他的成就。所以，很多未来的僭主会先成为军事统帅，建立功勋，或者去参加奥林匹克运动会，夺得冠军，通过各种方式获得人们的认可和支持。坐上统治者的位置后，他们还要继续有所作为，让百姓信服，巩固自己的权威。比如，佩里安德就借助大兴土木和举办庆典来博得民众的赞誉。

不过，主要的政绩还是以社会发展为标准。僭主制定法律限制贵族的特权，限制他们使用奢侈品，并禁止铺张浪费。同时，僭主鼓励商品买卖和手工制造业，支持所有文化活动，欢迎各地杰出的诗人、艺术家、思想家。

历史上，没有一个僭主建立起了一个可以延续的王朝，他们的子嗣大都不能延续父辈的辉煌。一方面，他们的个人魅力不足，另一方面，他们会利用专制权力压榨百姓，不得民心。而贵族阶层始终是他们的死敌。

僭主政治最早出现在经济相对发达的城邦。古希腊最著名的两位僭主是科林斯的佩里安德和雅典的庇西特拉图。

佩里安德是公元前7世纪科林斯的第二任僭主，也是罕有的子承父业的优秀案例。父亲去世后，佩里安德执政，改革了科林斯的工商业，修道路，凿运河，使交通运输更为便捷，商业更发达。他还准许失利贵族和贫民移民海外，并降低税率，扩大经济来源。他不仅热衷于科学和文艺，还是一名善于思考的业余哲学家，留下了不少智慧的名言。晚年的佩里安德对干涉统治的贵族展开严厉打击，但对百姓始终采用温和政策，深受百姓爱戴。

另一位为人称颂的僭主是雅典的庇西特拉图，他也是罕见的两次上任的统治者。他不断打击敌对派别，又在百姓面前塑造一个公正严明、亲民和善的形象。他组建了一支强有力的卫队，发动事变赶走了贵族统治者。在派别斗争中起起落落，注重总结经验并重新夺回政权。庇西特拉图把流亡贵族的土地分给贫民，还帮贫民还了贷款，买了农具。他还设了巡回法庭，到各个村庄处理诉讼案件，甚至微服私访，体察民情。他修葺神庙，改善了雅典的供水设施，邀请外邦文化名人来雅典访问，促使酒神节从地方走向全城邦。

庇西特拉图去世后，把僭主之位传给了长子希庇亚斯。希庇亚斯继承了父亲的温和政策，不料在一次节日盛会上，他的弟弟希帕尔克斯遇刺身亡。之后，他害怕自己也遭遇不测，就加强对雅典的统治，极力迫害政敌，镇压百姓。整个雅典笼罩在一片白色恐怖之中。终于，雅典人联合斯巴达人发动武装政变，终结了庇西特拉图家族的独裁统治。

在当时的社会历史环境下，僭主政治发挥了积极的作用。从乱世中走出的僭主们，延续了旧制度中的积极政策。虽然僭主政治存在的时间不长，但它打击了贵族势力，更倾向平民利益，使经济、文化和政治基础得到充分发展。

僭主政治推翻了贵族统治，再被人民推翻，古希腊在特立独行的探索道路上逐步接近理想的民主与自由。

【相关链接】

佩里安德的诡计

大概是得罪了太多人，佩里安德怕死后遭到报复，便想方设法地隐藏自己的墓地。他找来两个人，吩咐他们在夜里沿他说的小路杀掉遇到的那个人，然后把他埋好。又吩咐4个人去追杀前两人，又吩咐更多人去追杀后来的4个人……于是，在自己的精心谋划下，佩里安德秘密地被两个杀手害死了，这两名杀手以及后来的杀手也随之送命了。

一个奴隶说出的大道理

泰戈尔在《飞鸟集》中写道：世界以痛吻我，要我回报以歌。无论生活赐予我们什么，我们都应该欣然接受，即便困于逆境，也不放弃对爱与善的向往，也不臣服于世俗的险恶与不公。在这方面，伊索是我们的榜样。

小时候，我们都听过《伊索寓言》中的故事，它们简短有趣，又引人深思。令人意想不到的是，这些故事的作者伊索是奴隶出身，并且很可能不识字。

伊索具体的生平年代已不可考，最早记录他故事的是古希腊历史学家希罗多德。希罗多德认为，伊索不是希腊人，而是来自色雷斯而生活在萨摩斯岛的一名奴隶，时间大概是公元前6世纪初。

伊索生来是个哑巴，长得矮小丑陋，受到周围所有人的嘲笑和鄙视。不过，他有一位慈祥善良的母亲，她总是把伊索抱在温暖的怀里，给他讲各种有趣的故事。伊索虽然不能用语言和母亲交流，但他感受到了母亲的温柔与聪慧，他的心里种下了宽容和睿智的种子。

母亲离世后，可怜的伊索更加没有依靠，受尽人们的冷眼和打骂。每当遇到不顺，伊索就独自跑到林间草地，找那里的小鸟、小虫、小花做伴安慰自己。在大自然的清风中，他的忧愁得到了暂时的化解。后来，他离开家乡，四处流浪。夜晚露宿的篝火旁，他从旅人口中听到很多关于自然动物的故事。原来，人和动物一样，也欺软怕硬，也钩心斗角，也心存善念，也寻找光明。历经坎坷，伊索心中百感交集。

后来，伊索在路上遇到强盗，被卖到萨摩斯岛的一个贵族家庭做了奴隶。无情的命运并没有使伊索丧失对生活的信念，他没有怨天尤人，而是平静地接受了这一切。这时，他迎来了生命转机的惊喜。

一天夜里，伊索在梦中见到了神明。神微笑地看着伊索，伸出一根手指放入伊索口中，轻巧地舒展了打结的舌头。清晨，伊索睁开眼，感到口中比以往轻松舒适，他竟然能说话了！神灵来迟了，却用精准生动的语言能力作为他的补偿。伊索成了最会讲故事的人，他把曾经的所闻所思编织成精妙的故事，把母亲的温柔和自然的哲思传递给世人。

他的寓言故事没有什么草稿，完全凭记忆讲述，故事的主角多半是性情多变、品行不一的动物。很多耳熟能详的经典故事都是他的杰作，比如警告骄傲自满者的龟兔赛跑的故事，教人明辨善恶的农夫和蛇的故事，告诫说谎者的狼来了的故事。他用凝练的语言和恰当的比喻，告诉人们为人处世的道理。

在劳作期间，大家就把听伊索的故事当成一种娱乐放松，他的故事既能消除疲惫，又能使人深思明理。伊索还靠他的机智救过自己的朋友，帮主人处理了难题。主人很感激这个聪明的奴隶，就把他释放了。

重获自由的伊索依然四处流浪。他游历了希腊各个城邦，有权参加公共事务，与梭伦、泰勒斯等人都有交往。一次，一个城邦的国王派伊索处理外交事务，并把一批黄金平均分赠给当地居民。那里的人贪婪成性，伊索和他们发生争吵，把黄金原封不动运了回去。这激起了贪婪民众的愤怒，他们借口说，伊索在故事中讲神是对神的不敬。报复的目的达到了，伊索以渎神的罪名被他们推下了悬崖。伊索死后，当地灾祸不断，人们把这当成伊索冤屈与愤恨的回应。

会讲故事的人虽然不在了，但他那些生动有趣的故事始终流传在世，深入人心。

在如今流传的《伊索寓言》中，没有一个故事能够有把握地说一定出自伊索之手，它们也许是古希腊下层民众集体智慧的结晶。优秀的民间智慧也可以雅俗共赏，它代表了与古希腊上流文学相对应的大众文学，具有独特的哲学意义和教育意义。最重要的是，伊索寓言是受压迫的弱者利用智慧减少痛苦的表现，甚至用这些故事本身去取悦压迫者，以求改善自身的境遇。那些深入浅出的故事包含着贫苦人民的最大诉求。

【相关链接】

《伊索寓言》的编写

伊索没有亲自记录他的作品，世界上第一部《伊索寓言》是亚里士多德的再传弟子台美忒利阿斯编写的，不过也早已散佚。到了罗马人统治时期，又经修道士普拉努得斯整理收集，加上对古希腊寓言的传抄编订而成，含150篇，书的原名叫作《埃索波斯故事集成》。但因为普拉努得斯没有见过伊索本人，教会认为他只是借伊索之名进行编造，于是对其迫害。1610年，瑞士学者艾萨克整理刊印，题为《伊索寓言》，是目前最详尽的故事集，即使有很多不是伊索的故事。

【专题】小农经济变奏曲

信仰在一定程度上决定了人们的价值观。在信奉基督教的欧洲，或在修道院的苦修传统中，人们把工作视为对上帝的祈祷。而对古希腊人而言，工作是件苦差事，那是宙斯强加给他们的惩罚与磨难。

在古希腊，对于个人来说，耕种是最基本最主要的工作，通常由男人负责。而妇女更适合在家里纺纱织布。对于城邦来说，土地是最高价值、最高地位的资产代表，能够直接说明一个城邦的政治力量和社会力量。任何时候，争夺有争议的领土都是邻邦战争的最常见起因。农业在整个希腊占据着重要地位。

尽管农事被视为宙斯的惩罚，但大多数人还是会积极地从事农业生产。因为正如赫西俄德所说，脚踏实地的劳作胜过用卑鄙手段获得财富。希腊半岛多山，平原零碎，而错落的山脉又阻挡了能带来丰沛雨水的气流。人们在耕种时，更青睐不需要太多水分滋润的3种作物：葡萄、橄榄和谷物，它们也被称为“地中海三元组”。即便如此，他们仍旧必须接受每4~5年将有一种主要作物歉收的现实。

面对这并不富饶的土地，古希腊人有自己的应对方式。他们会采用多种形式翻地，修筑梯田。在变幻莫测的气候影响下，往往邻近地区的降雨量也会有天壤之别，所以人们将耕地分散，以减少歉收的风险。一块地上混合种植了多种庄稼，豆类居多，因为它们能为土壤补充养分，几乎每个农民都种埃及豆和赤豆。

饲养牲畜也是一种经营方式。它们可以用来耕地，为人提供食物和其他产品，很多农牧结合的产业便出现了。不过，养什么动物还要看农户的经济能力。比如饲养能帮助犁地的牛就需要大量的水和饲料，贫苦人家是不会养的。马是贵族的象征，属于少数贵族。大部分普通农民会养些绵羊、山羊、鸡、猪和蜜蜂。人们为了方便施肥，就把家禽家畜养在菜园旁边。

我们再来重点看一下希腊半岛两大特色作物。作为水果，葡萄在希腊人的生活中占据着中心地位。农民们一年四季用心最多的恐怕就是栽培葡萄了。在前一年冬季就开始挖葡萄沟，春天刚来，便开始压条、剪枝、翻土。到了丰收的季节，人们采摘下成串的果实，用脚踩碎，榨成果汁。饮葡萄酒是每个希腊人日常生活的一部分，长幼尊卑无一例外，只是浓度有别，奴隶和孩子喝的酒兑水较多。葡萄酒也被分为不同等级。第一轮榨出的葡萄汁制成的饮料最佳。经过越多的压榨，产出果汁的味道越差，最后一轮的果汁一般是给穷人和奴隶喝的。

葡萄生产也逐渐发展成希腊经济的重点项目。有些地区有专门的葡萄出口产业。这些地区专门为葡萄贸易制定法律，违法的罚款要献给该地的保护神。还有一种盛装葡萄酒的双耳细颈陶罐，专供贸易出口使用。

另一种用途较广的作物就是橄榄。人们食用橄榄果实，用橄榄油烹饪、调味、燃灯、洁身。种植橄榄树是一项缓慢而长久的投资。橄榄树第七年才开始结果，再过8年才进入丰产期。虽然橄榄树的寿命可达百岁，但即便是成年橄榄树，产量也会因气候影响而不稳定。相对而言，最适合橄榄树生长的，是阿提卡地区，也就是雅典城邦。由于雅典娜的传说，橄榄树也成为雅典的重要标志。在泛雅典娜运动会上，获奖者会得到一个漂亮的大花瓶，其中就装着价值不菲的橄榄油。

除了变幻莫测的气候，战争也威胁着希腊的农业生产。当自然因素和人为因素碰到一起的时候，就会发生普遍的食物短缺，甚至致命的饥荒。

为了生存，自给自足的农民也与外界建立了互帮互助的联系，出现社会合作生产方式。赫西俄德曾说：“从邻居那里获得一定的东西，要公平地等量还给他们，如果你有能力的话可以更多。这样，当你再需要他的时候，你会发现他毫不迟疑。”

第三章　斯巴达：野蛮的文明史

多利安人建起了古希腊最格格不入的国度。他们不爱文明爱武力，用最古朴的农业支撑起最强大的军队力量。莱库古在建国之初，就为斯巴达制定了良性的社会规范，再度塑造了斯巴达人尚武干练的民族性格。对外战争也就不可避免地开始了。

大力神的后代

在伯罗奔尼撒半岛东南部的拉戈尼亚地区，有一片三面环山的马蹄形河谷。曾经，强大的斯巴达城邦连城墙都无须修建，它是5个村落的集合体，7万人口，和平时受人尊敬，战争时令人畏惧。如今，它仅仅是个4000人的小村庄，在那座普通的小博物馆里，也很难找到王者遗风。人们回望斯巴达威震希腊的过往，不禁感慨唏嘘。

斯巴达的历史最早可以上溯到特洛伊战争时期。帕里斯曾在这里与海伦一见钟情，使斯巴达国王墨涅拉俄斯恼羞成怒，寻求阿伽门农的帮助，发动了长达10年的特洛伊战争。考古学家还在这一地区发现了供奉墨涅拉俄斯和海伦的神祠。拉戈尼亚曾是青铜时代重要的中心地区。在迈锡尼文明末期，拉戈尼亚和希腊其他地区一样，人口骤减，定居点被毁，变得一片晦暗。

公元前11世纪，多利安人从希腊半岛北部汹涌而来。他们不把自己当作侵略者，反而说是夺回领土。

原来，在希腊神话中，迈锡尼是大力神赫拉克勒斯的故乡——他虽是宙斯与阿尔克墨涅的私生子，但阿尔克墨涅是迈锡尼国王安菲特律翁的妻子。后来，安菲特律翁因谋杀叔父被迫放弃王位，携妻子儿女逃亡国外。多利安人就打着“夺回赫拉克勒斯领地”的旗号，招兵买马，大举南下，攻占了包括斯巴达在内的希腊地区。

多利安人在希腊大地站稳脚跟，统率大军的三兄弟决定抓阄瓜分领地。结果，拉戈尼亚地区分到了老三手中。老三后来战死沙场，他的儿子们继承了领地。这里阳光充足明媚，水源充沛，有较为发达的农业基础，算是整个希腊半岛上的一块富庶之地。在此建立的斯巴达，原意就是“适合耕种的地方”。越来越多的多利安人迁移到拉戈尼亚，新的城镇开始出现，平原中部欧罗达斯河畔的4个村落合并在一起，这就形成了斯巴达城。到公元前8世纪早期，附近的另一个村镇也并入斯巴达城，由市中心到周边平原就构成了斯巴达城邦。

早期城邦发展的时代，拉戈尼亚地区群雄并起，斯巴达只是其中小小的一分子。斯巴达深居内陆，不像其他沿海地区，能便利地扬帆远航。在全希腊航海大移民的时代，斯巴达没有把目光放在海外，只建立了一个殖民地。它集中精力壮大自己的军事力量，通过武力征服邻邦，最终强势统一了拉戈尼亚地区。

斯巴达最初实行以血缘关系为纽带的氏族制，随着部落间的相互交流，人口迁徙、民族通婚等现象打破了氏族制度的屏障，进入奴隶制社会。政治制度也从军事民主制过渡到王位世袭制。但是贵族对所谓的国王统治表露不满，他们联合削弱了王权，发展出自己的贵族议会，并逐步把持了城邦大权。

斯巴达是全希腊地区一个独特的存在。从外在的城市格局到内在的经济结构，都和一流城邦大相径庭。大多数城邦是以一个核心城市和周围的若干村落构成，但在斯巴达，该出现核心城市的地方，连完整的城市规划都没有，更别说宏伟华丽的建筑标志了，只有少数极普通的政府建筑、健身馆和神庙。放眼望去，都是松散简单的屋舍，斯巴达城邦此前和以后也都保持着农村风貌。斯巴达人蔑视财富，倡导简朴生活。

凭借优厚的土地资源，农业始终处于经济的主导地位。斯巴达的农事可以保证自给自足，不需要进口。斯巴达人对贸易没有太多兴趣，后来又鄙弃文化和艺术。他们严格保持着自己的传统，不允许外界思想入侵。人们生活有序，目标明确，严谨干练，否定个人主义，对整个城邦怀有无限的忠诚和无私奉献。他们对城邦强烈的自豪感和归属感让其他城邦的希腊人都感到嫉妒。

【相关链接】

拉戈尼亚思维

公元前4世纪，马其顿国王腓力二世向斯巴达发起猛攻，并给斯巴达国王送去一封信。腓力二世在信中威胁斯巴达国王，如果不按要求做，就将斯巴达夷为平地。不久，腓力二世便收到回信，里面只有一个字："敢！"

斯巴达人这种简单直接、一语中的的语言思维被称为拉戈尼亚思维，取自斯巴达所在的拉戈尼亚地区（Laconia）。英语中，“Laconia”的同源词“laconic”就是“说话简洁凝练”的意思。

莱库古：斯巴达人的理想领袖

有一天，在斯巴达城市中心，一位改革家正在向民众颁布新的法律。这时，人群中突然冲出一位反对新法的贵族青年，他在愤怒之下戳瞎了改革家的一只眼睛。民众目睹了这触目惊心的一刻，要求严惩这个年轻人。但改革家面无怒色，让年轻人留在身边照顾自己。相处日久，年轻人发现改革家并非自己想象中的阴沉乖张之人。相反，他从容冷静，仁慈无私。斯巴达能有这样贤明的领袖真是一种荣幸和荣耀。

这位极具风度的改革家叫莱库古。莱库古出身皇族，是斯巴达国王欧诺莫斯的次子。在他小时候，斯巴达社会就矛盾重重，贵族争权夺利，贫富差距日益加大。在一次动乱中，父亲欧诺莫斯意外死去了。莱库古的哥哥继位不久后，也去世了。只有莱库古是唯一的合法继承人，但他并不贪恋王位，何况王后还怀有遗腹子。不久，王后生下了一名男婴，莱库古为他取名卡里拉奥斯，寓意为“人们的欢乐”。他把侄子推举为王，自己甘心辅佐。

德高者总会遭到小人嫉妒，一些贵族联合起来四处散播谣言，说莱库古别有用心，等时机成熟就会废掉小国王卡里拉奥斯。莱库古不想与他们辩解，为避开众人的猜忌，独自离开城邦远走他乡。

他先后去了很多地方。当时，克里特是地中海区域最繁荣的地方，莱库古极为赞赏这里的社会制度。在爱奥尼亚，他见到了手抄本的荷马史诗，并整理出其中涉及的法律、道德和制度。听过荷马史诗的现场吟唱后，他便把这部伟大的史诗带在身上，后来在古希腊广为流传。他在埃及观察到很多有效的管理方案，比如，把军队和普通民众分开，禁止工匠和手工业者参与政治。他还沿路去了利比亚和西班牙，最远到过印度，在那里，他拜会了很多苦行僧。

此时，国内的局势不容乐观。莱库古走后，小国王年幼无法掌权，实权都握在贵族手里。他们一味维护自己的利益，阶级矛盾愈发激烈，国王的位置不断受到冲击。动荡之中，斯巴达人想到了莱库古。

莱库古回来后，看到上下一片混乱，他决定即刻着手一场彻底的改革。为了让那些桀骜不驯的贵族听命于他，他首先要借助神的权威。

在德尔菲神庙，女祭司向莱库古转达了神谕的指示：神已经通过他的祈求，将赐给他一部世上最完美的法律。这部法律其实是莱库古早先拟定好的，称为“大公约”。虔诚的斯巴达人都信以为真，心悦诚服地落实各项改革。

斯巴达此前实行双王制，两位国王共同掌权，由这两个王族分别世袭。一位国王负责日常事务，另一位负责军事作战。莱库古在改革中削弱了王权，只给他们祭祀和断案的权限，两位国王权力等同，相互牵制。对于出身王族的莱库古，能做到这一点实为难得。

同时，为了限制国王权力的膨胀，莱库古设立了30人元老院。元老院负责处理国家行政事务，并为公民大会准备议案。30人中，除了两位国王，其他人由全国60岁以上的公民选举产生。这30人权力相当，连国王也不例外。元老院的选举很有意思。广场上，候选人根据抽签决定次序，一个一个从民众面前走过，大家用大声呼喊表示支持，用沉默无声表示反对。得到呼声的高低就代表了候选者的得分。而记录员事先被隔离在广场边的一个小房子里，只能听到外面呼声的大小，看不到对应的候选人是谁。

莱库古也给公民参政议政的权利，建立了由30岁以上的男性公民组成的公民大会。他们可以参加议案表决和官员选举，现场也只记录声音的大小，不计票数。莱库古还增设了5名监察员，任期一年，监督司法是否公正，对权力机构形成制约。

贫富悬殊是斯巴达最大的社会矛盾。莱库古重新分配了斯巴达的土地。他软硬兼施地说服了贵族，把全国土地平均划分为9000块，分给9000个公民，此后的户数保持不变。他倡导节俭，限制奢侈品的使用，房屋不能显出豪华装饰。为了防止财富集中在少数金融家手里，他用铁棒取代金银货币，并贬值货币。这样一来，人们买一件稍微昂贵的商品都要运一牛车的铁，货币流通很不方便。而这正合莱库古的想法，他觉得人们对金钱的兴趣将逐渐减少。

莱库古还建立了公共食堂，要求所有人统一在这里就餐。这项改革最让贵族头疼，所以才发生了文章开头的那一幕，但最终贵族们还是勉强同意了。每人每月向食堂交定量的粮食和一点费用，每个人都吃一样的饭菜。除了极少数穷苦人，不参加统一就餐的人会被剥夺公民权利。为了对付那些钻空子的贵族，莱库古还规定，不允许来食堂前先在家里吃饱喝足。随着人们逐渐习惯这种方式，食堂也变为一种社交场所。

一系列改革措施弥合了城邦内部的矛盾裂痕。莱库古强化了斯巴达人民的集体意识，还发展了全民军事制度，建立起一个勇武有序的理想国度，并奠定了斯巴达此后500多年的社会形态。但他的改革方针没有丝毫的文字记录，完全是口头制定。原来，莱库古并不看重书面形式，认为法律得到真正贯彻执行才是最重要的。

【相关链接】

死而后已的奉献

莱库古推行改革后，看到整个城邦的稳定和发展，决定将这套法律永久地保持下去。他想好了计策，告诉人民在他回来之前，谁都不能对法律做任何修改，并要求每个人宣誓照做。莱库古再次来到德尔菲神庙，询问自己的法律是否完美，能否让斯巴达永久繁荣。女祭司给了他肯定的回答。莱库古脸上露出了满意的微笑，他转身越走越远，再也没有回到斯巴达，最后绝食而亡。斯巴达人民永远等不到他回来，就按照承诺将莱库古的法律长久维护下去。

一切为了战斗

全民军事化是莱库古改革中影响最深远的一项。历史上从来没有第二个国家能像斯巴达这样热爱战争，用毕生的精力去做战斗准备。战争是残忍的，他们的训练也严酷得让人难以置信。战士们的骁勇善战是他们一生自觉服从、忍耐和竞争的结果。

一个男孩从出生起，就必须朝着战场精兵强将的角色努力，否则将面临无情的淘汰。他先被送到政府指派的检查员手中，检查员凭借自己的经验来判断婴儿的生存能力，以及将来成为勇士的可能性。健壮的孩子会交还给父母继续抚养，那些羸弱不幸的孩子会被抛到悬崖下的弃婴谷，因为他们将来一定是不会打仗的废物。

家长也无法按照自己的规划培养孩子。他们的使命就是帮孩子锻炼耐性，增强体质，为将来作战打下良好基础。斯巴达男孩经过检查员检验之后，还要接受父母的考验。母亲给孩子沐浴的时候，用的不是水，而是烈酒。出现痉挛或抽搐的婴儿依然被看作是不健康的。父母从来不会把婴儿温柔地呵护在襁褓中，而是让他自然生长，锻炼他不怕黑、不挑食、不调皮、不撒娇，唯命是从的品质。这样才能适应7岁之后的集体生活。

每年，7岁的男孩都要离开父母，被编入公共的少年团队，由国家抚养。在这里他们既能学习知识又能得到训练，当然，文化学习只占很小一部分，能认字写字就足够了。孩子们更多的是参加各种体育锻炼，比如跑步、击剑、拳击和掷铁饼等。当然，他们的运动也不像其他希腊人为了强身健体和体育竞技，军事价值才是主要目标。

每个班级都由最勇敢的儿童充任首领，其他儿童服从于他，并设法胜过他。儿童首领有权向其他儿童提出要求，对未满足要求的人可以实行处罚。年长者还会在孩子中间制造矛盾，促使他们相互殴斗，锻炼他们的勇气和耐力。

集体生活异常艰苦，孩子们要光脚走路来锻炼脚力，训练时赤身裸体。12岁以后，要把头发剪去，冬夏只有一件单衣可穿，并且露天过夜，睡在自己割来的干草上。他们只能徒手割草，手上经常划满伤痕。训练之后就跳到冰冷的河水中洗澡。因为温水和软膏一类的东西会让人意志软弱，而寒冷和坚硬能够磨炼他们的抵抗力。这些孩子，从来不曾体会过舒适的感觉。

常有国王或官员来观看孩子们的战斗演习。那是一种非常残酷的搏斗，双方没有任何武器，没有任何保护，赤手空拳的同时允许用各种方式攻击对手，踢打、撕咬，甚至更残忍的方式。只要打倒对方，就会获得荣誉和奖赏，越强势的胜利者越有可能在日后被任命为军事首领。男孩们通常在搏斗前一晚用小狗来祭神，因为狗象征着机灵和勇猛。然后，把公猪当作对手演练一番，为第二天的比赛做准备。

斯巴达人过着苦行僧的生活，尤其是受军事化训练的人。给他们分发的食物很少，就是为了让他们在吃不饱时学会去偷。无论什么场合，都鼓励他们去偷。偷窃成功的赢得光荣，而失败的不仅会受到主人的惩罚，回来还会挨打，责怪他没有成熟的偷窃技术。

每年，这些青少年还要接受一次纯粹为了锻炼意志的鞭笞。不知道训练员为什么要把地点选在阿尔忒弥斯神庙前。女祭司站在一旁，手持女神像，口中不断鼓动执鞭者再狠些，直到鲜血溅到石柱上。而从头至尾，被鞭打的男孩都不能发出一声哀号，不能求饶，也不能畏缩。这也是一种考验男子汉骨气的仪式。

终于熬到20岁，他们可以被编入正式军营了。在这里他们开始接受为期10年的正规军事训练。也是在这里，他们蓄起象征勇猛的长发。到了30岁，他们经历了前一半人生的艰辛磨砺，终于拥有公民身份，可以与长辈共同用膳，也可以结婚成家了。但他们依然要保持军营中15人一团的组织模式，平时一起扎营，每天坚持出操，随时准备应征作战，直到60岁方可退役。

平日经受紧张训练的战士，一旦到了战争时刻，反而少了很多严格的纪律管束。战前准备时，他们终于能够梳一梳头发，整理一下容貌，装饰一下武器和服装。日常待遇也提高了，训练也放松了。青年们高高兴兴地出发，个个跃跃欲试，对战争的危险毫无恐惧。斯巴达人在出征时才能过上轻松舒适的生活，这一点恐怕也是独树一帜。

斯巴达男人一生饱受磨砺，充满汗水和鲜血，但从小受到的教育让他们把战斗当作天职，视战斗荣誉为生命。

这也是全体斯巴达人的价值观。如果说男人的使命是战斗，女人的职责就是生养最优秀的孩子，是男孩就锻炼他的体力与意志，是女孩就把她培养得健康强壮。所以，斯巴达很重视优生优育，甚至可以为此借用别人的丈夫或妻子。

战士出征前，斯巴达母亲从不表现出挂念和心疼。她们深明大义，严肃地告诉儿子：要么与你的盾牌同归，要么就死在盾牌上。

【相关链接】

斯巴达懦夫的命运

再严格的训练，也不能保证百分之百的优秀士兵。而且，这样的体制也未必对所有人适用。那些无法承受艰苦军事训练的人将面临悲惨的命运。人们的侮辱鄙视自不必说，还会被印上“瑟缩者”的恶名。瑟缩者只允许穿着彩色补丁的衣服，剃掉一半胡子，像很多野蛮文明的惩罚一样，这也是侮辱他们的一种方式。在广场上，他们备受嘲弄，亲戚也因受牵连而唾弃他们。他们没有参与公共事务的权利，没有女人愿意嫁给他们，甚至也没有男人愿意娶他们的姐妹。

征服，靠实力还是靠诡计

邻近斯巴达的西部疆域是一片平坦的沃土，有一个爱好和平的部落在这里繁衍生息。这里是美塞尼亚，一个物产丰富的宁静之国。

他们并不落后，只是不热衷于军事争夺。他们生活得安闲自如，并没想到本是同族的邻邦有一天会突然举兵进犯。

斯巴达强势征服了拉戈尼亚地区的原住民后，又把扩张的触角伸向美塞尼亚这块肥肉。和平的国度被迫卷入一场持久的反侵略战争中。

约公元前730年，两国交界处的士兵发生了小冲突。关于详细起因，现在已经没有资料可以说明。我们猜测，斯巴达早有侵略企图，先挑起事端，就像日本以“柳条湖事件”为借口侵华一样。

于是，斯巴达人以美塞尼亚侵犯边境为由，不由分说，直接征伐美塞尼亚。美塞尼亚虽然厌战，但绝不容许敌人肆意践踏，全国上下奋起反抗。团结的美塞尼亚人挡住了斯巴达军队对城市的攻伐。但斯巴达军队又把目标转向农村，很多脆弱无依的村落沦陷了。在那里，斯巴达人劫掠了大量粮食和牲畜，数千名农民被虏变为农奴。城市失去了农村的支撑，饥荒横行，加上久战对国力的消耗，美塞尼亚节节败退，最终接受了斯巴达的屈辱条件——每年向斯巴达上交全部收成的一半。

但是，没有人想沦为亡国奴，尤其是美塞尼亚国王阿里斯托德莫斯。他决定带领人民背水一战。战前，他派使者去德尔菲神庙询问此战吉凶。神谕说，美塞尼亚此战可以取胜，但要在王族中选出一位童女作为牺牲献于诸神。为了得到阿波罗的佑护，为了拯救生活在水深火热中的子民，国王忍痛奉献了自己的女儿。美塞尼亚的将士们深受感动，把对斯巴达的仇恨和对小公主的悼念，统统化作英勇杀敌的士气，一举击溃了斯巴达。他们没有辜负国王和公主，一鼓作气，乘胜追击，收复了很多失地。

很少受到重创的斯巴达，这次休整了很久，以致阿里斯托德莫斯还以为斯巴达已经就此罢手了。

当攻伐的号角再次传来，国王忧心忡忡，又去向神卜问。神谕说，谁能先在宙斯祭坛上供奉100个三角鼎，谁就是战争最后的胜利者。于是，诚恳朴实的美塞尼亚人连夜赶制，塑模，烘烧，再用青铜液体浇注。铸鼎需要反复的工序，工匠们在国王的督促下已经尽力缩短时间，但还是输给了狡猾的斯巴达人。

斯巴达人听说这则神谕后，用黏土直接塑出100个三角鼎，赶在对手之前，把这些鼎献给了宙斯。可怜的阿里斯托德莫斯只觉无力回天，大局已定。美塞尼亚军队锐气大减。他们在绝望中，目睹了斯巴达冲破防守，不费吹灰之力攻下都城。国破家亡让国王哀痛欲绝，他来到女儿的墓前自尽了。历史上的第一次美塞尼亚战争以斯巴达的胜利告终。

美塞尼亚少部分“持不同政见者”被流放异地，也正是他们建立了斯巴达唯一的殖民地塔拉斯。大多数美塞尼亚人沦为了奴隶。就是在这个时候，美塞尼亚人的名字在奥林匹克运动会的记录中消失了。

纯粹靠暴力和压迫的统治方式是不会稳定的。更何况，斯巴达的奴隶人数远多于公民人数，每8个人中就有7个奴隶。斯巴达人对奴隶的残暴激起了美塞尼亚人的愤怒。在公元前6世纪，阿哥斯人第一次大胜斯巴达人之后，美塞尼亚人紧随其后，发动了第二次美塞尼亚战争。

为首的是青年领袖阿里斯托美尼斯，他事先联合各地的同胞，并获得了一些城邦的支持。起义军队怀着对故国的思念和对侵略者的仇恨，在战场上一往无前，屡战屡胜。

斯巴达人招架不住，又使出一条诡计——他们收买了美塞尼亚的盟军首领。在一场决定胜败的战役中，美塞尼亚一方接近胜利的一刻，盟军叛变了。全军大乱，美塞尼亚人猝不及防。斯巴达人伺机反攻，起义军伤亡惨重，被迫退守山区。其后，双方又僵持了十几年，但美塞尼亚最旺盛的士气一去不返，在斯巴达人的步步紧逼下，越战越弱，直至全军覆没。

从此，美塞尼亚的土地尽归斯巴达所有，沦为奴隶的人丝毫没有改善自己的处境，仍然为斯巴达人做牛做马。

人们都颂扬斯巴达人的勇猛无敌，但其实他们也有残酷和狡诈的一面。以善战闻名的民族在战争中也会以阴谋诡计取胜。对待自己都无比严酷，对待被征服者就更加残暴了。

【相关链接】

斯巴达社会等级

在对外的不断征服中，斯巴达社会形成了3个等级。首先，是斯巴达本族人，他们自称“平等人”，平等地享有土地和公民权。其次，是庇里阿西人，即“藩民”之意，他们是拉戈尼亚原住民或是自愿投降的美塞尼亚人。他们属于自由民，主要经营工商业，无权参政。最底层的是希洛人，也被称为“黑劳士”，由曾经热爱和平的美塞尼亚人变成了斯巴达人的奴隶，忍受着无尽的压迫。

自由的最自由，悲惨的最悲惨

“在斯巴达，自由人是世界上最自由的人，奴隶则是最悲惨最彻底的奴隶。”罗马作家普罗塔克在《希腊罗马名人传》中这样写道。

美塞尼亚战败后，丧失的不仅是全部国土，还有千万人民的幸福和尊严。绝大多数美塞尼亚人沦为斯巴达人的奴隶，被叫作“希洛人”。在斯巴达人眼中，希洛人是最卑贱的群体，相当于整个城邦的共同财产。

要说希洛人没有丝毫的自由当然是太绝对了。他们可以随意结婚，任意生育，有自己的村落，和家人住在一起，不会被贩卖到其他地区，可以支配一部分用具和农产。

尽管可以按照自己的方式耕种，但希洛人需要日日夜夜在土地上为斯巴达主人劳作。即使在田野间、树林中工作时他们能获得自然的慰藉，也免不了随时遇害的危险。有一首诗描述了希洛人牛马不如的生活状态：

“像驴子似的背着无可忍受的负担，

他们受着暴力的压迫；

从辛苦耕作中得来的果实，

一半要送进主人的仓库。”

每当战争发生时，希洛人还要随主人出征作战。好斗的斯巴达人经常向外扩张，所以希洛人的军役负担十分沉重。希波战争期间，就有3.5万希洛人随斯巴达军队出征。斯巴达的部队主力是重装备步兵，每个士兵的整套装备有30公斤重。行军时，这些负重就交给希洛人承担。他们还负责为主人准备给养。作战时，希洛人紧跟主人身后，用棍棒击杀受伤的敌人，并保护主人的安全。一旦遇到危险，希洛人还要被迫组成先锋队，用生命为军队打探敌人的虚实，用血肉消耗敌军的兵力。很多希洛人就这样成了战场上的炮灰。不过，这还不算最无辜的死，斯巴达人对希洛人的肆意屠杀已是家常便饭。因为斯巴达“平等人”人口远少于希洛人，他们时刻提防希洛人的崛起和反抗，制造各种机会迫害希洛人。虽然奴隶主个人不能乱杀奴隶，但以集体的名义就显得名正言顺了。

每当新的监督员上任时，第一件事就是向希洛人“宣战”，以宗教之名进行屠杀。国王和元老院也把枪口对准希洛人，他们时不时地派出受军事训练的青少年，组成分队潜伏在希洛人的村庄周围。一旦看到强壮有力或有反叛苗头的希洛人，到了晚上就去他的家中把他杀死。斯巴达人想扼杀一切反抗的萌芽，宁可错杀，也不放过任何可能引起反叛的苗头。

斯巴达人曾答应希洛人，如果能在战争中立功就可以获得自由。于是，希洛人全力以赴，在战场上拼命为斯巴达军队战斗。有2000名勇武的希洛人付出了巨大的代价换来了显赫的战绩。他们得到了斯巴达人亲手为之戴上的花环，还被带到神庙去感谢神明的保佑和恩赐。当这些受伤、疲惫却满怀喜悦的希洛人走出神庙准备为自由欢呼时，迎接他们的却是一场血腥的大屠杀。斯巴达人杀死了为他们拼死效力而手无寸铁的2000名奴隶勇士。

士可杀，不可辱。最让希洛人难以容忍的是斯巴达人对他们的侮辱。斯巴达人只给希洛人穿一种特殊的衣服，用来表示他们卑贱的人格，不许他们有任何独立的特征。奴隶主还毫无缘由地鞭打希洛人，特别是在接受训练的青少年面前，一来让希洛人记住自己为奴的身份，二来从小给孩子们灌输明确的等级观念。

希洛人成为斯巴达人用来教育男孩的一种工具。在青少年就餐时，希洛人常常被召集去喝未掺水的烈酒，醉后进行粗陋可笑的歌舞表演。男孩们要大声嘲笑侮辱这些喝醉了的希洛人。他们从嘲笑中明白：不能过度饮酒（征战不休，醉酒误事）；希洛人是如此低贱下等的。年长的斯巴达人也不断在一旁强调斯巴达人和希洛人的差异，防止孩子有丝毫质疑。

斯巴达人对自己的训练和对希洛人的待遇一样严酷。但斯巴达人自身的严酷带有高度荣誉感和归属感，而希洛人只有无尽的屈辱和痛苦。当斯巴达人野蛮到一定程度时，希洛人终于不愿继续忍受了。他们多次进行武装起义，虽然屡遭镇压，但他们从未放弃反抗的努力。

机会又来了，公元前464年，伯罗奔尼撒半岛发生了一次大地震，斯巴达城邦有两万多人死亡，社会混乱一片。希洛人乘机团结起来，发动了影响全国的大起义。他们杀死了自己的奴隶主，围攻到斯巴达中心，来势汹涌。斯巴达人又束手无策了，急忙召集士兵，并向雅典等城邦求助。在古希腊各城邦的联合镇压下，希洛人只好再次退守山区。他们在那里建立根据地，顽强抵抗斯巴达军队。如果投降，不仅此前的反抗功亏一篑，还会受到斯巴达更残酷的压迫。顽强不屈的希洛人坚持反抗了10年，这就是第三次美塞尼亚战争。

斯巴达虽有盟军和强大的武力，但粮食的供给中断了。因为一直是为奴的希洛人给他们耕耘收割，奴隶罢工闹革命，他们自己又忙着镇压革命，大片土地无人照管，粮食紧缺，内外交困的危机一触即发。而一部分“藩民”也加入希洛人的起义，斯巴达四面楚歌。

迫于种种压力，斯巴达人终于让步，通过谈判，斯巴达人同意希洛人离开城邦拥有自由。

希洛人原本并不善战，缺乏军事训练，但对自由和尊严的追求让他们奋起反击，战胜强悍野蛮的压迫者。暴力并非王道，血腥下的统治永远不会长久！

【相关链接】

希洛人的归处

重获自由之后，希洛人也应该改称为美塞尼亚人了。美塞尼亚人离开伯罗奔尼撒半岛，乘船西渡，来到了西西里岛东北部。历经坎坷的民族在这里重整旗鼓，建立了赞克洛伊城邦，也就是今天的意大利城市墨西拿。公元前369年，在底比斯和其他斯巴达宿敌的帮助下，美塞尼亚也终于恢复了独立。

【专题】征兆不祥，岂敢动兵

在古希腊，斯巴达人对宗教的虔诚可谓远近闻名。他们极力维护自己的虔诚，对神灵无限尊崇，连同时代的其他希腊人都认为他们太迷信了。

别看斯巴达人那么拼命地进行军事训练，到了战争的关键时刻，他们宁可相信神的指示，也不相信强大的军队。几乎每一项军事行动都要举行祭祀，比如在他们越过边境之前，在一场战斗开始之前。凡是与军事有关的预言，斯巴达人都相当敏感。如果有不好的兆头，即使是生死攸关迫在眉睫的战役，他们也会推迟或取消。

曾经就有一位斯巴达指挥官在一场重要战役之前做祭祀，直到第四次才得到一个吉兆，这才敢出兵作战。希腊对抗波斯时，在著名的马拉松战役中，斯巴达人直到最后一刻都没有出场。不是他们胆小或自私，而是他们认为当时的月亮呈现出不祥的征兆。而在温泉关战役中，斯巴达人只派出一部分士兵，他们自称是在为阿波罗举行每4年一次的卡尔涅亚祭。

在生活上，斯巴达人向来以朴素著称，城邦限制奢侈品使用，也严禁奢华墓葬。但有一个例外，那就是对阿尔忒弥斯神庙的供奉。月神阿尔忒弥斯是生命周期的保护者，掌管着女孩向妻子和母亲进行转变的这一过程。成为妻子和母亲是每一个斯巴达女人一生中最重要的使命，因为优秀的斯巴达战士都是由她们生养出来的，所以月神在斯巴达尤其受人崇拜。与阿尔忒弥斯联系紧密的，是生育女神艾勒提亚，她也是童男童女的保护神。

关于阿尔忒弥斯的宗教仪式，是围绕着男性和女性生命周期的各个阶段展开的。少女们在成人仪式上会给女神阿尔忒弥斯雕像换上长袍，并合唱颂歌，跳起舞蹈。当她们跨入生命的另一阶段，会向月神献上画有纺织图画的匾额。在斯巴达境内的阿尔忒弥斯神庙中，考古学家发现了超过10万件祭品，有很多是用琥珀、金银、象牙等珍贵材料制成的，还有铅制的重装备步兵小塑像，可能是青年人成为勇士的标志。

因为崇尚武力，需要高素质士兵种子，所以斯巴达重视以优生优育为目标的婚姻。于是，那些单身汉就会像被淘汰的懦夫一样，受到人们的排挤和嘲笑。节日仪式上，已婚妇女会围着祭坛，用唱歌的方式羞辱那些老光棍，迫使他们遵守斯巴达的规定，尽快娶妻生子。

所以，斯巴达人的婚姻并非以爱情为基础。所谓爱情，如果存在，也一定出现在婚后。整个斯巴达只有一座阿弗洛狄忒神庙，而且和其他地区的爱神不同，这里的爱神头戴面纱，手中持剑，脚戴镣铐，显然象征着被控制的爱情和为战争服务的婚姻。

虽然斯巴达人对宗教充满热忱和忠诚，但他们只关心对自己有益的宗教。和其他城邦不同，他们对农业女神德墨忒尔的祭拜并不热心，也许是因为他们本身不从事农业生产，认为那是希洛人的事情。还有古希腊最著名的狂欢酒神节在斯巴达也毫无市场，好像他们头脑中的神谱从来不包括狄奥尼索斯。大概是他们生性严谨，不喜欢这种节日的疯狂和纵情，更不愿意让自己放纵之后呈现出愚蠢的丑态。当然，和对农神一样，他们也不关心葡萄是否丰产，因为种植葡萄的也是可怜的希洛人。

第三章 雅典升起民主大旗

公元前7世纪左右，雅典发展出民主政治。经过提修斯、德拉古、梭伦、克里斯提尼等人的努力，一系列体制终于得以确立。人民不拥戴国王，而是设立了以司法、行政、立法为最高机关的公民大会，民主制度初具雏形。

费力不讨好的提修斯

洁净、爽朗、明媚——这里的整个气氛似乎都那么独特。每年有300个晴天，也许正如西塞罗所说，这种清爽的气候对雅典人思想的敏锐大有贡献。雅典位于希腊中部的一个半岛，也就是阿提卡半岛。它三面环山，只有西南方面朝广阔的爱琴海航道，曲折的海岸线上，有很多优良的海港。

当多利安人南下令古希腊诸城邦陷入黑暗时代，雅典并未卷入这场历史突变。迈锡尼难民为躲避战乱纷纷背井离乡时，雅典就成了其中一部分人的避难所。

居住在阿提卡半岛上的，共有4个部落。每一个部落都有自己的首领，下有3个胞族。每个胞族之下又有30个氏族，相当于这一地区的社会细胞。部落首领带领族人建立各自的小城堡，至今仍可以找到城堡的遗迹。由于人们普遍怀有同一种信仰，各部落有共同的财库，共同耕种土地，彼此通婚，相互协作，死后也葬于同一片墓地。血缘关系稳定了阿提卡地区的社会秩序，可以说是4个部落自愿完成了雅典的统一。

尽管自愿统一，幅员辽阔的阿提卡也需要有人来号召此事。这个人就是提修斯。你一定还记得那个杀死米诺牛怪物的英雄，来自雅典的王子提修斯。但那是在遥远的克里特时代，距雅典城的建立有几百年之久，显然他并非建城者。大概是后人崇古，把没有文字记录的历史事件和神话传说绑定在一起，于是把雅典城的创建也归功于提修斯。那么，我们且用“提修斯”来叙述阿提卡的统一和改革。

在统一4个部落的过程中，提修斯首先发布公告，取消了各部落不同形式的地方政府，建立了中央管理机关，处理阿提卡地区的整体事务。从前部落间的临时军事联盟变为固定的结合，从而展开一系列联合运动，雅典成为各部落的联合中心。为纪念阿提卡统一，提修斯还设立了“统一节”，并将城邦命名为“雅典”。

上层知识分子支持这一联合，他们一面建立对平民和奴隶的统治，一面防范外族的入侵。完成统一后，提修斯着手一次重大改革，可以与其后的梭伦改革相媲美。他将阿提卡人分为3个阶级：贵族、农民和手工业者，并注重阶级之间的利益平衡。当然贵族拥有更多权力，只有他们可以掌管宗教，并决定国家大事。其他两个阶级都属于平民，但农民也能够保障自己的利益，手工业者又是雅典的主体，他们都有机会表达自己的声音，3个等级由此得到了合理的安排。值得一提的是，雅典也从未出现斯巴达那样的“藩民”和希洛人奴隶。

同斯巴达无私的莱库古一样，提修斯出身王族，但为了城邦的长远发展，也主动削弱了自己的权力。更多贵族加入管理机构，雅典人民的权利进一步得到了保障。亚里士多德在《雅典政制》中说：是提修斯首先转向了任命，他废除了君主独裁制。

不过，并非所有人都像提修斯一样以大局为重。原统治阶层中的大贵族损失了利益，不愿善罢甘休。于是，他们联合起来，散布谣言，煽动人们反对提修斯的统治。雅典历史上第一次伟大的改革就这样陷入逆境。满怀失落的提修斯离开雅典，去了斯基罗斯岛。

贵族的阴谋还没有结束。提修斯怎么也想不到，反动者还要夺走他的性命。斯基罗斯国王被雅典贵族收买，提修斯被暗杀于异国他乡。

直到几百年之后，在神谕的指示下，雅典人才把提修斯的遗骨接回雅典安葬。

提修斯死后不久，所谓的王权在雅典绝迹。取而代之的，是由贵族推荐并从贵族中产生的执政官。起初，执政官是世袭终身制，后来改为任期10年，并打破了家族限制，每个贵族都可以参加选举。到最后改为任期1年，人数也从最初的1人增加到9人，分担宗教、军事和司法等职责。他们没有薪酬，只能由富有的贵族担任。退职之后，执政官会加入元老院，终身任职，对在任的执政官进行监督，并裁决国家大事。

200余年来，雅典始终向着理想的民主政治一路发展，不断壮大。虽然提修斯未能亲身经历最辉煌的时代，但他的贡献不可磨灭，他用自己的生命奠定了雅典民主文明的基石。

【相关链接】

居住区与公民权

虽然雅典从建立之初就向着民主政治的方向发展，但对于领土广阔的阿提卡，公民制度的推广难免受到耗时之久、传播之慢的阻碍。理论上，阿提卡岛上任何城镇的公民都有权参与雅典的公共事务，但实际上，住在雅典城附近的人比偏远地区的人更容易行使这种权利。当时陆地交通不便，雅典城10英里之外的居民步行入城需要3个小时，来回就需要6个小时。再远一些的居民如果要入城，就得在城里住上一晚。只有少数富人家里养得起马，很多人连一头毛驴都养不起。所以，即使雅典的自由民主制度鼓舞了大家的参政热情，大部分人还是不愿为此来回折腾，更不愿意搬迁。

暴动与镇压的下场

在雅典，面朝黄土背朝天的农民曾经拥有相当广阔的土地。但是他们的妻子比农田更为多产，随着人口代代繁衍，原有的土地越分越小，乡村生活也越发艰苦。雪上加霜的是，贵族也利用强权侵占耕田。农民们终生胼手胝足以求一饱，却还要设法应付债主和地主的贪婪压榨。最后，很多农民连一块赖以生存的土地都没有了，只得靠租借贵族的土地为生。但地租繁重，他们要把5/6的农作物产品上交贵族，自己只剩下可怜的1/6，所以农民又被称为“六一汉”。如果交不起租金，全家老小都将沦为债务奴隶。一旦至此，他们的债务一年多似一年，恢复自由的日子就更是遥遥无期了。

土地是所有农民安身立命的根本，失去土地后，他们贫穷的生活已经不可想象。农民甚至欢迎战争的到来，一是希望通过战争获得更多土地，二是战争能消耗人口，节省粮食。手工业者相对富有一些，但社会地位仍然不高，在政治上常受贵族欺压。平民与贵族之间已经发展出一条无法逾越的鸿沟，纠纷和冲突是这一时期的关键词。

应运而生的僭主政治成了阶级矛盾的调和者，但受时代发展的局限，也只是进行些小修小补，尚不能解决根本矛盾。平民忍耐到一定地步时，大规模暴动就不可避免了。

公元前632年前后，一位名叫赛伦的奥运冠军领导了这次暴动。但赛伦的本意并不在解救劳苦大众，身为贵族的他只不过是利用这个机会谋取大权罢了。赛伦在奥运会上赢得了荣誉和声望，又以身为麦加拉僭主的岳父特西阿真尼作为政治靠山，在雅典政坛上平步青云。他最大的政治理想就是登上雅典僭主之位，实行自己的独裁统治。而利用平民对贵族阶层的怨恨是最有效的手段。

于是，赛伦联合了亲朋好友，得到了岳父的协助，又争取到平民领袖的合作。成败在此一举，谨慎的赛伦在行动前犹豫不决，就去询问神的旨意。神谕说，这次行动可以进行，有吉兆，不过，在奥林匹克运动会的时候动手为妙。

奥运会很快来临，赛伦迅速召集各路人马，率军顺利攻占了雅典卫城。然而，就在距成功仅一步之遥时，他万万没想到，平民领袖临阵倒戈，号召所有的雅典人反对赛伦。赛伦和他的部下遭到了重重围困。

对峙局面持续了很久。很多平民失去耐心而陆续散去，最后，围困赛伦的只剩下9位执政官和他们手下的士兵。而被围困者内部也因缺少供给而出现混乱，一部分人死于饥饿后，部队划分出主战派和主降派。而赛伦作为首领已预感到大事不妙，为保全自己的性命，和哥哥仓皇逃离了卫城。这下群龙无首，连主战派也丧失了斗志。他们与9位执政官谈判，如果能饶他们不死，他们就放下武器。

按照传统，无论是谁，在神庙中就会得到神的庇护，因为神圣之地禁止流血事件。投降者把一根绳子系在雅典娜神像上，牵着绳子从藏身的祭坛上走下，准备投降。但绳子忽然断了。执政官借口他们触怒了雅典娜女神，命令士兵把这些要投降的人都杀死在神庙里。还有一些人逃到复仇女神的庙里，但也终究没能逃过一劫。

下令把叛乱者杀死在神庙的，是执政官美伽克勒斯，著名的阿尔克门尼德家族的成员。政变平息后，他被指责犯了渎神罪，违背了宗教原则，整个家族也被视为女神的背叛者，将永远受到诅咒。雅典并不安宁，人们担心美伽克勒斯真的会触怒神灵。恰巧，一系列灾祸接踵而至。雅典人愤怒而恐惧，他们流放了阿尔克门尼德整个家族，甚至不放过那些已经过世的族人——他们将死者的尸体掘出坟墓示众，并丢弃在雅典边境。

虽然驱逐了渎神的罪人，雅典还是发生了一场瘟疫。无计可施的雅典人求助于受人尊敬的预言家。在预言家的指导下，雅典人通过向女神献祭礼拜才终于控制了瘟疫。人们想送这位预言家金银财宝表示感激，但他都一一拒绝了，只接受了一棵橄榄树。

【相关链接】

德拉古立法

这一时期的雅典一波未平一波又起，人们委托司法执政官德拉古颁布一部有效的法律，来矫正诸多的罪恶。于是，雅典

第一部成文法应运而生。然而，这部法律依然是为贵族制定的，而且量刑过重。对小偷小摸的处罚与杀人放火等同，都被判处死刑。正如后世雅典的演说家挖苦德拉古立法：这不是用墨水写成的，而是用血写成的。

当疯子开始改革

就在雅典的内部矛盾越演越烈，濒临崩溃之际，竟然出现了这样一个人：他既不诉诸武力，又不靠慷慨激昂的演说，就能成功说服贫富两方，达成折中方案。暴乱停止了，雅典建立起一个新颖宽宏的经济秩序。梭伦的和平改良的确是历史上一个令人振奋的奇迹。

梭伦的家族属于纯正英雄血统的贵族，他的祖先可以追溯到海神波塞冬。童年时代的梭伦生活在衣食无忧、富足欢乐的家庭中。但他的父亲乐善好施，又不善经营，导致家道中落。长大后的梭伦本可以借助父亲的亲族关系，重振家业，但他以依赖他人为耻，毅然远行，独立经商。

梭伦带着自己的商船和仆从扬帆远航，凭借自己的经济头脑迅速致富。但他并不是个唯利是图的人，他更看重的是经商过程中能游历四方，开阔视野，遇到不同的智者贤人，从他们那里习得智慧的机会。他周游了小亚细亚和古希腊各地，广泛结交名士。同时，梭伦还目睹了贵族与平民之间的矛盾，对下层人民饱受压迫的悲惨生活有了新的认识。所到之地的政治体制也给他提供了借鉴和参考，和斯巴达的莱库古一样，他开始反思雅典的体制，暗自构建了一套新的改革方案。

心系故土的人，无论身在何地都会不遗余力地维护自己的国家。在外经商时，梭伦听到了雅典与麦加拉的萨米拉岛之争。原来，赛伦暴动失败后，他的岳父，也就是麦加拉僭主特西阿真尼，为了替女婿报仇，出兵占领了雅典的萨米拉岛。雅典屡战屡败，一直没能把侵略者驱逐出境，雅典人倦怠了，厌战情绪与日俱增。

萨米拉岛是雅典海上贸易的重要中转站，对于雅典的经济和军事意义重大。梭伦明白事情的重要性，立刻从国外赶了回来，想办法帮助雅典勇于直面现实。其实很多爱国人士和梭伦意见一致，但迫于当时的一则法令，都不敢进谏。法令规定，任何提议战争的人，都将被处以死刑。不过，梭伦想出了一个计策，为了避免因请战背负罪名，他将以疯子的形象号召人们为祖国而战。

疯子毕竟有别于常人，社会对他们很宽容，一般不会降罪于他们。人们几天都不见梭伦的影子，传闻他疯了，把自己关在家里。忽然有一天，梭伦跑出家门，头戴花冠，口中念念有词。原来，他在热情洋溢地朗诵他的爱国诗篇，唤起人们保卫城邦的决心，为了那可爱的岛屿而战斗。雅典人民果然动容了，在梭伦的鼓舞下，雅典废除了反战法令，重新向麦加拉开战。

梭伦被任命为指挥官，率雅典大军一举击败了麦加拉军队，成功收复萨米拉岛。梭伦成了雅典的英雄，赢得了人民的尊敬和爱戴。

由于德拉古立法的制定而留给雅典一个烂摊子时，雅典民众怀着迫切的希望，不约而同地把梭伦推举为执政官。出身贵族而为人诚恳的梭伦，得到了贵族和平民的一致信任。面临种种社会危机，梭伦经过仔细的考察和严谨的思虑，实行了一场大刀阔斧的改革。

首先解决的是平民最关心的债务问题。梭伦规定，利用他人财产或人身自由作为债务担保是不合法的。为此他废除了“六一汉”制度，推倒了田里埋下的债权碑，并由国家出资赎回那些被贩卖到国外的奴隶，宣布他们重新成为雅典的自由民。和历来的改革一样，贵族由于利益受损强烈抵制这项规定。但同样是贵族的梭伦做出表率，带头取消了其他农民欠他父亲的债务。贵族们无话可说，况且梭伦也没有完全剥夺他们的地位和权利。

农民不再承受债主的压迫，雅典的经济也重新活跃起来，新兴势力提出了新的政治诉求，社会阶层也需要相应的划分。梭伦将提修斯按社会地位划分的3个等级替换为按财产多寡划分的4个等级。4个等级都有选举权，就是说社会最底层的人都有参与政治的权利，这就防止了权力的垄断。不过，只有前3个等级的人有资格担任官职，其中，第一、第二等级可以担任雅典最高执政官，第三等级可以出任地方官。而且，有雅典传统的监督制度做保障，即使是贵族或富人执政，也很难肆无忌惮地牟取私利。

梭伦还进一步改革了雅典的政治结构，打破了战神山议事会的独断专权，创立“400人会议”作为公民大会的常设机构，从每个等级选出100人构成。为了防止司法权的滥用，他还设立了陪审法庭，任何公民都有权成为陪审员。

其实，梭伦改革实行的是中庸之道。他不在道义上谴责贫、富任何一方，而是在实际利益上让双方达到平衡。用他自己的话说：我拿着一面盾牌，保护两方，不让任何一方不公正地占据优势。像德拉古一样，梭伦卸任时，雅典人同意他的法律有效期为100年，梭伦让每位执政官都发誓绝不更改任何一条。然后，他放心地离开雅典，四处云游去了。

睿智的改革远比寻求绝对公平的改革更稳定、更成功。前者往往能找准矛盾的平衡点，后者则急于寻找绝对公平，或仅仅出于阶级报复的心理，刻意打压某一群体，由此埋下更加恶化的种子。

【相关链接】

梭伦放弃独裁

贤能开明的梭伦获得了雅典贫、富两方的一致拥护，有人建议他成为僭主，推行个人独裁统治。梭伦一口回绝了，他说："那是一个好位置，可没有人能从上面和平地走下来。"他不但自己不推行独裁，还竭力阻止别人觊觎僭主的位置，无论是谁，绝不姑息。庇西特拉图是梭伦的表兄弟，梭伦曾当众指出他图谋不轨的野心。

但梭伦最终没能阻止庇西特拉图的篡位。好在庇西特拉图虽然用激烈的手段夺取政权，但他的治理温和而有节制，给雅典带来了经济、政治和文化等多方面的充分发展。

克里斯提尼：注定一生漂泊

克里斯提尼出生在一个颠沛流离的家族——阿尔克门尼德家族。当年，镇压赛伦暴动时犯了渎神罪的美伽克勒斯，就是克里斯提尼的曾祖父。整个家族被流放了若干年之后，雅典人才平息怒气，允许他们陆续返回故土。而他的父亲曾与庇西特拉图竞争夺权，失利后，家族又一次流亡海外。此时的克里斯提尼没有放弃重振家业的希望，他时刻关注着雅典城内的局势，希望有一天能以胜利者的姿态重归雅典。

庇西特拉图去世后，他的两个儿子没能继承好父亲的江山，招致贵族与平民的仇视。克里斯提尼联合贵族，并获得了斯巴达的军事援助，彻底推翻了雅典的僭主政治。

克里斯提尼为雅典人民消除心腹之患立了大功，他正准备借助这次的声望当上新的执政官，但被政敌伊沙格拉斯抢先一步。为了打压克里斯提尼，伊沙格拉斯勾结斯巴达人以“被诅咒的家族”为借口将他驱逐出去。伊沙格拉斯扫清了自己的执政道路，但也因此失去了民心。雅典民众厌恶斯巴达人干涉自己的事务，把斯巴达人和伊沙格拉斯一并赶走，迎回了流放中的克里斯提尼。

克里斯提尼终于名正言顺地登上了雅典首席执政官的位置，实现了重振阿尔克门尼德家族声望的梦想。

切身经历让克里斯提尼清楚地认识到，贵族家族间的纷争会严重侵害城邦的利益。他决定彻底整改雅典政治，遏制贵族家庭的权力。于是，他开展了一场灵活而富有创意的改革。

阿提卡地区的4个传统部落一直以血缘关系延续存在，每个部落的领导权都掌握在最年长和最富裕的家庭手里。克里斯提尼为了打破这种世袭联合的政治垄断，以10个地域部落取代了原来的4个家庭部落。为避免雅典曾经出现的山地派、平原派和海岸派的相互斗争，他又把阿提卡按照山地、平原和海岸分成30个区域，每组10个区域。每组抽出一个区域组合在一起就形成了一个部落，这样保证了不同人权益的平衡。

每个部落下设数量不等的村社，每个人都要在所在村社登记户口。曾经的外邦自由人，如今不费吹灰之力就成了雅典公民，享有同等的政治权利。参政人数倍增，人们参与民主的热情空前高涨。这样也便于城邦统计人口，特别是成年男子的情况，以便对服兵役、选举决策等公共事务做出更妥善的规划。

每个部落可以推选出一位将军，组成“十将军委员会”，他们在和平时期负责带领部落民众锻炼身体，进行军事演习；战争时期便召集士兵，指挥作战。将军可以连任，日子久了，他们的地位和权力不断上升，往往成为掌握城邦实权的人物。

部落构成的变更自然影响到议会结构的变化。克里斯提尼把400人议会改设为500人议会。议会成员由每个部落选出的50人构成，任期一年。村社中对议员的推选不靠投票，靠抽签，而且凡是年满30岁并且未曾两次出任议员的人都有资格抽签，完全按照人口比例，不考虑社会等级。500人议会掌握司法权，执行广泛的行政执掌，监督所有官员。

这样的制度下，至少有1/3的雅典人，能在有生之年至少享受一次成为最高权力机构成员的机会。这样普及政治权利的制度，在世界史上绝无仅有。

地小人稀的雅典，只要掌握一定的军事力量就有可能发动一次政变。而每次政变都给雅典社会带来不小的动荡。人民对和平安定的渴望也促使克里斯提尼提出新的治理方法。

克里斯提尼认为，最好把叛乱和暴动扼杀在萌芽之中，就赋予城邦一种特殊的权利，允许人民不经由司法程序，即可将任何认为对本邦不利的人放逐10年。如此一来，凡是有阴谋有野心的人都要谨慎行事，以免被察觉遭受惩罚。

流放通过投票实行，即陶器碎片的秘密投票。是否需要投票由议会和公民大会来决议。投票的那天，场地会有人严格看守，为每个部落开放10个入口，人们从各自部落的入口一一进入。他们手中拿着一块陶器碎片，上面已经写好希望流放的人名，庄重地投进投票箱里。经过票数统计，如果总票数超过6000票，就宣布投票有效。

那么，得票最多的人将被放逐。他无权为自己辩护，要立即回家收拾行囊，10天之内离开雅典。此外，城邦不会剥夺他的政治权利和私有财产，10年之后（后改为5年），再度归来又是一条好汉。不过，被放逐的人往往是那些有影响力的大人物。在紧急情况下，城邦出于一定的需要，会提前将他们召回。

克里斯提尼的陶片放逐法推行之后，其他城邦纷纷效仿，只是陶片变成了贝壳、木片或者橄榄叶。

克里斯提尼的改革为平民赢得了权益。不满的贵族又联合斯巴达及其盟国进军雅典，赶走了克里斯提尼。但由于侵略者内讧，雅典人很快将他们打退，再度迎回备受爱戴的克里斯提尼。

无论如何，克里斯提尼还是稳住了自己的改革成果，完善了梭伦建立起的民主政体。雅典人民对空前的参政权甚感兴奋，他们以勇气、骄傲和自制力向着民主的光辉之路迈进。从那时起，他们尝到了行动、言论和思想上的自由味道；从那时起，他们以史无前例的热情去维护他们自己管理的城邦；从那时起，他们开始在文学艺术、政治甚至军事上领导整个希腊。

【相关链接】

克里斯提尼最后的漂泊

斯巴达在雅典贵族的怂恿下，不断干预雅典内政。克里斯提尼为了消除威胁，答应波斯以附属国的身份换得庇护。这大概是他一生中最不明智的决定了，雅典人民不会把自己的民主成果拱手相让。克里斯提尼从波斯回国后，人们一致抵抗，用他创立的陶片放逐法把他赶出了雅典。他成了改革以来的第一个被放逐的人。

【专题】一个雅典家庭的一天

清晨，水天相接的远方还是一片浅蓝，转眼间，一轮红日便冲破云霞，喷薄而出。晨光照射着雅典卫城，照在街道旁拥挤的房子上。雅典人起得很早，已经有人在街上走动散步了。

雅典面朝大海，所以天亮得很早。女人是最先起床的，即使她们每天睡得很晚。她们做的第一件事不是做早餐，因为多数雅典人是不吃早餐的。她们会来到青铜镜子面前，把头发梳成一个髻，低垂在颈背上。然后用一根鲜艳的彩带环绕头发，前额处的彩带上点缀一颗美丽的宝石。用煤烟描画眉毛，用丹铅涂红面颊和嘴唇，用锑粉涂抹眼圈，一系列的化妆程序要进行几个小时。她们爱美，也有耐心爱美。梳妆打扮好以后，妇女开始指挥奴隶做新一天的工作。她们吩咐奴隶到泉边打水，并为全家准备午餐，然后自己看管女奴织布。

家中的其他人陆续起床，街上的声音越来越多，孩子们赶去学校上课，男人们到街市上闲逛。他们很少待在有顶盖、墙和门窗的房子里，甚至也不喜欢剧院、教堂和会议厅。他们喜欢晒太阳，宗教仪式和政府办公都是在阳光下进行的，给人一种明朗、公正、宽松的感觉。

孩子来到职业教师的私塾，没有桌子，只有小凳子。读书写字时，他们就把纸放在膝盖上。教学场所陈列着希腊英雄的雕像。他们要学习写作、音乐和体育3门功课。每个学生都会弹奏七弦琴，因为很多教材都是用诗谱成的曲子。如果他们调皮，就会尝到教师皮制凉鞋鞭打的滋味。

雅典公民的个人空间非常宽裕。他们摆脱了沉重的赋税，并享有高度的政治自由，没有什么需要辛苦劳作的事情，最多就是到田地里看一看奴隶有没有偷懒。男人们起床不久，就踱着步子出了家门。他们很少穿鞋，袜子更是想都没想过。他们留着胡须和头发，后来又流行短发短须，所以修剪发须成了男人们日常重要的一件事。理发店也多了起来。理发师把顾客的胡须修成尖形，非常整齐，还给他们修剪指甲。女人也用剃刀，但她们是用来去除脸上或身上的汗毛的。

男人们慢悠悠地走在大街上，遇到熟人就上前打个招呼。他们也在路上思考、和人闲谈，还花不少时间参加体育锻炼。来到市场上，他们往往不是为了买水果蔬菜，而是来听听政府又有什么新政策，打探一下其他部落或城邦有什么新鲜事发生。

不知不觉到了正午，太阳直射头顶。男人们干脆脱下上衣，享受一次舒服的日光浴。他们的衣服简单大方，由两块方布松弛地对折几下自然下垂，只在容易掉落的地方固定一个别针，自由的服装能让空气透入身体的任何部位。帽子是不受欢迎的，因为它会使头发过早失去水分而变白。

午饭时间一到，市场上的人流逐渐稀落。需要更换农具的人就去铁匠铺，想做做运动的人就去健身场。在很多场合，他们都会遇到一些志同道合的朋友，相互交谈辩论，从对方那里学到智慧。

夕阳的余晖再次洒落雅典的街巷时，妻子已经备好晚餐等待丈夫回家了。在外面游荡了一天，用餐前，他们要好好洗个澡。吃着烤肉，喝着美酒，看起来在平淡中透着浪漫。但大多数雅典人的婚姻并不是建立在爱情上的，他们不过为了延续后代，免得孤独终老罢了。保姆会看护孩子们荡秋千、坐跷跷板，小女孩儿抱着玩偶过家家，小男孩儿用陶质兵将打仗。孩子们的游戏和他们父辈的积习一样久远。

夜深了，人们放下一天的事务上床休息。他们真的是家徒四壁，除了床，只有几个简单的箱子和陶罐做陈列。妻子吹灭了跳跃的油灯，雅典城逐渐被暗夜笼罩。人们在安宁的梦中等待新一天的来临。

第四章　来自东方的危机

公元前5世纪上半叶，希腊还处在发展当中，就迎来了虎视眈眈的波斯帝国。两个文化相异、实力悬殊的集团展开了一场大决战。波斯帝国3次入侵希腊均遭遇失败，这之后，长达半个世纪的战争终于结束了。这是欧洲历史上影响最大的战争。因为有希腊的胜利，欧洲才得以生存和发展。

崛起东方的庞大帝国

在古老的两河流域，遥远的美索不达米亚文明早已从人们的视线中消失不见，这里一度被视为蛮荒之地。然而，当一个家族出现于幼发拉底河之时，世界文明的重心忽然又回到这里。因为，在这片大地上，这个家族几乎只用了一代人的时间就建立起一个异常庞大的帝国。

在黑暗时代来临之前，属于北部印欧人后代的波斯一族，已经占据如今的伊朗高原。伊朗高原是个自然资源宝库，储藏着大量金、银、铜矿等。对于公元前7世纪以前的波斯，我们已经无迹可寻了。而当米提亚王国与新巴比伦王国还处于联盟中时，作为其附属国的波斯不过是游牧部落的聚居地。波斯草原上按照家族划分部落，其中最强大的当属阿黑门尼德家族。公元前553年，米提亚终于和新巴比伦王国“化玉帛为干戈”时，趁米提亚内部一片混乱，阿黑门尼德家族的领袖居鲁士联合各部落对它发起反叛战争。3年过后，波斯取代米提亚，建立起帝国的雏形，居鲁士也被尊称为“居鲁士二世”。

新的帝国继续与新巴比伦王国角逐。居鲁士采取“绕道”征服的战略，先征服了敌国背后的诸多地区，直到吞并了小亚细亚最西端的爱奥尼亚地区，并第一次入侵希腊海滨城邦。这次入侵给希腊人留下了心理阴影，很多地区开始向雅典求助。

居鲁士的迂回战术削弱了新巴比伦王国在周边的影响力，并成功切断了其海上贸易的财路。在波斯强势的经济封锁下，新巴比伦不战而降。

此时，不断扩张已经使波斯成为当时世界上最大的帝国，但居鲁士又把目光转向了埃及与希腊地区。为此，他释放了在之前战争中被征服为俘虏和奴隶的外族人，和他们建立同盟以备远征；还允许犹太人回到耶路撒冷重新建国，以便日后作为进军埃及的桥头堡；腓尼基人也重获自由，他们成了波斯海军的重要支柱。

在远征埃及和希腊之前，居鲁士决定先平定东北部游牧民族，以解除后患。但他还没来得及完成更宏伟的帝国梦，就在一次战斗中不幸身亡了。

居鲁士的儿子冈比西斯二世继承了父亲未竟的事业。在消除了远征的后顾之忧以后，他向埃及发动全面进攻，在公元前525年征服埃及并称帝，随后驻留在此进行了一番治理，直到他听闻国内有人发动叛乱才动身回国。不幸的是，叛乱者早有计谋，将他杀死在回国的途中。

不过，嚣张的叛乱者最终没有得逞，新的领袖大流士率领众贵族对他们展开了猛烈的反攻。平定叛乱之后，大流士一世登上王位。大国扩张的计划受到叛乱冲击，暂时告一段落。为恢复帝国实力，大流士推行了一系列改革。

政治上，大流士规定军政分离，全国划分为23个行省，由大流士亲自任命行省总督，并安排一名“秘书”与总督共事，相互牵制和监督。全国各地都有大流士安插的“秘密警察”，随时监控各地情况。军事上，大流士设置了五大军区，建立常备军，并实行兵源补充制。战争中的波斯兵力源源不断，所以被称为“不死万人队”。

像中国的秦始皇一样，大流士在区域广大、民族众多的帝国统一了货币和度量衡，并制定统一的商业规范。他还把具体征税事务交给“包税人”代办，只规定每年的赋税额度。虽然这项措施简化了税收流程，但包税人往往与地方官吏勾结谋私，导致隐患重重。大流士在位时，波斯帝国修建了当时最发达的交通网，水陆交通连接起来，保证各地的信息都能以最快的速度传到王宫，也能保证军队随时出现在需要的地方。改革的同时，大流士还继续平定四方叛乱，巩固对殖民地的统治。

雄才大略的大流士使波斯帝国得到了前所未有的辽阔疆域和稳定局势。东至印度河西岸，西到利比里亚，向南毗邻阿拉伯半岛，甚至是里海以西的色雷斯等地，以及爱琴海的部分岛屿，都成为波斯帝国的领土，大流士建起了横跨欧、亚、非三洲的庞大帝国。

【相关链接】

波斯拜火教

波斯人早期虽信奉多神，但火神阿胡拉·玛兹达的地位十分突出。大流士一世执政后，为了统一的需要，确定独尊火神。琐罗亚斯德是该教的创始人，因此拜火教又称为“琐罗亚斯德教”。拜火教是一神论宗教，将它作为国教成为波斯帝国统一集权制的宗教基础。

大流士执意远征

“我，大流士，伟大的王，万邦之王，波斯之王，诸省之王……”大流士一世在平定波斯帝国的内乱后，把自己的荣耀镌刻在不朽的石碑上。他并没有夸张，当时，除了希腊，波斯目之所及的其他地方都已被收入波斯的版图。波斯的海上势力也已经由东地中海延伸至爱琴海，与希腊诸邦的摩擦在所难免，爆发战争是迟早的事。

居鲁士二世统治期间，波斯第一次入侵希腊，爱奥尼亚成为波斯的附属国。大流士一世继位后，爱奥尼亚诸城赋税增加，人们还要去服兵役和劳役。城邦僭主多是由波斯扶植的，对波斯俯首帖耳，对百姓则残酷剥削。爱奥尼亚人对波斯的统治和傀儡僭主的不满与日俱增，一直寻求独立。与此同时，波斯操纵的腓尼基舰队一直活跃在小亚细亚和黑海之间，把希腊的海上商业利益抢夺得所剩无几，成为希腊海上贸易的重大威胁。诸多因素致使双方矛盾逐渐加剧。

公元前500年，起义最终在爱奥尼亚的米利都行省爆发了。米利都僭主阿里斯塔哥拉斯主动辞去了僭主职位，建立民主政权，并说服其他城邦推行民主，反抗波斯的统治。雅典和埃雷特里亚毫不犹豫地提供了军事援助，各自向米利都派遣战舰，烧毁了波斯在小亚细亚的首府萨迪斯。但是，当援军撤离后，波斯人卷土重来，米利都人被打败，妇女和儿童沦为奴隶，男人大多被杀，幸存者则逃到了底格里斯河河口。

萨迪斯焚毁之耻激怒了大流士，由于雅典是敌军主力，他发誓要让铁骑踏平雅典城，攻占全希腊。大流士之所以有信心攻下雅典，是因为波斯迎来了一位特殊的客人——庇西特拉图的儿子希庇亚斯。他就是被雅典人赶出城邦的最后一位僭主，正设想有朝一日能东山再起。卖国求荣的希庇亚斯向大流士承诺，只要大流士能帮助自己复辟，他保证让雅典归顺波斯。利益至上，各有图谋的两人一拍即合。希庇亚斯暗自联系其他贵族与波斯人合作，不少贵族心中还怀有对波斯的恐惧，便答应配合波斯，以谋求家族的安全。

公元前492年，波斯正式向希腊宣战。大流士任命女婿马多尼乌斯统率舰队，在希庇亚斯的带领下向希腊进发。这支军队来势汹汹，势不可当。马多尼乌斯成功地夺回了波斯在希腊北部的统治权，征服了色雷斯、撒所思和马其顿。但在经过阿索斯海角时，舰队遭遇了飓风，300艘战舰沉入大海。许多战士倒下了，指挥官自身也挂彩而归。

大流士不会善罢甘休，他立即下令打造新的战舰，扩充兵员，组织第二次远征。公元前490年，大流士任命米提亚老将达提斯和侄子阿尔塔菲尼斯为全军统帅，随行的还有已经年迈的希庇亚斯。

这一次，他们避开了充满危险的北部海岬，直接横渡爱琴海，烧毁了克索斯岛上的城镇和神庙，并把俘虏驱逐出境。所到之处都留下了他们烧杀抢掠的证据。很多地区的居民都沦为奴隶，孩子被扣押为人质。埃雷特里亚曾支援米利都对抗波斯，如今内奸相应，没几天就陷落了。为报复焚毁萨迪斯之仇，波斯烧掉了埃雷特里亚的神庙，毁坏了所有的房屋，杀害了无数百姓。

波斯大军从这片废墟一路南下，来到庇西特拉图家族的福地，位于阿提卡半岛北部的马拉松。

【相关链接】

大流士索要水土

第二次出征希腊之前，大流士曾派使者向希腊诸邦索要“水和土”。很多城邦担心重蹈米利都的覆辙，纷纷屈从，这意味着他们向大流士让出了领海和领土的主权。但是，希腊的主心骨——雅典和斯巴达毫不妥协。雅典人把使者扔进洞坑，连翻译员都被处死，因为被认为玷污了希腊语。斯巴达人把使者带到一口水井前，用他们一贯的风格说道：水和土都在这，请便吧！话音刚落，使者就被推了下去。

马拉松，为自由而战

在波斯帝国大军压境之际，雅典人民表现得异常镇定。他们深知，埃雷特里亚已经沦陷，如果雅典也被打败，等待自己的只有更悲惨的命运。与其坐以待毙，不如死战到底。此时，几乎没有其他城邦敢于反抗波斯了，只有小城邦普拉提亚反应最快，派了1000人支援雅典。雅典又派使者跑去斯巴达求援。使者一天一夜跑了约225千米，却被告知斯巴达正在举行隆重的祭祀，但是满月期一过，他们会派2000名步兵前往马拉松。

而现实只有一句话：雅典等不了斯巴达了。米提亚德将军释放了所有奴隶，把他们和自由人一起编入队伍，率领他们越过山岭到达战场。此时，波斯军队已经登上马拉松平原。马拉松背后的群山上，只有雅典和普拉提亚一共万余步兵。波斯并不急于展开进攻，后续部队还在向希腊挺进，至少比希腊兵员多一倍。两军兵力悬殊，看起来雅典人这一战将是以卵击石。

双方对峙了两天，雅典军事执政官卡里马库斯让10位军官决定是否迎战。结果，5个人建议等斯巴达祭祀结束，援兵到了再开战；另外5个人说，如果按兵不动，波斯一旦出兵，将很容易占上风。卡里马库斯犹豫不决时，米提亚德说服了他。米提亚德曾参加过与波斯人的战争，对波斯的兵力十分熟悉。依照他的分析，波斯军队人数众多，但是人员复杂，多为被征服的百姓，并不情愿参与远征。而且，波斯军队最有杀伤力的武器弓箭对披坚执锐的希腊人并不构成威胁，何况，他们的步兵装备简陋，只有最前面一排盾牌作为防御，希腊人的长矛能够充分发挥优势。

卡里马库斯被说服了，立刻下令准备决战，11000名雅典人下山列阵。雅典的劣势在于缺少骑兵，为了防止强大的波斯骑兵迂回攻击，米提亚德将队列排成长长的四行方阵，利用方阵两侧的沼泽牵制波斯骑兵。

一切准备就绪时，1500米之外的波斯军队还没有排好方队。雅典方阵快速疾行，万余人同时向波斯大军冲击。当距离波斯军队300米时，雅典方阵就进入到波斯人弓箭的射程之内。波斯人的箭镞倾盆而降，但雅典步兵的铠甲牢牢保护着他们不受伤害。穿过密集的箭雨，雅典军队很快攻破了波斯军队的盾牌阵列，打入波斯军队内部。

波斯的弯刀根本不是雅典长矛的对手，他们松散的阵列更抵御不了雅典军密集整齐的方阵。虽然雅典军一度被波斯的精锐所突破，但他们迅速后撤，保持阵形，没给波斯军队留一点可乘之机。

最终，雅典步兵用这种铜墙铁壁般的推进方式把波斯军队杀得落花流水。侵略者一个接一个地倒在了阿提卡土地上，雅典部队仍然完好无损。波斯军被雅典追打到海边，毫无还手之力。达提斯无奈地下令撤退，乱了阵脚的波斯士兵纷纷向战舰逃去。雅典部队这时忽然分散开来，分别攻击那些靠在岸边的战舰。他们俘获了7艘波斯战舰，也就是在攻击战舰的过程中，雅典人才出现了少数伤亡。

当斯巴达人结束祭祀，赶到马拉松时，波斯人尸横遍野的场景让他们惊叹不已。此次会战，波斯阵亡6400人，雅典阵亡192人。阵亡将士在阵地集体火化，他们的名字都被刻在战场上，也包括雅典主将卡里马库斯。

25年之后，雅典亚格拉集会所背面的画廊出现了一幅纪念马拉松大捷的壮观壁画。画上有卡里马库斯、米提亚德、达提斯和阿尔塔菲尼斯等人，还有赫拉克勒斯、雅典娜等神或英雄的形象。希腊人相信，曾经保佑特洛伊战争中希腊士兵的神明，也同样扶助了马拉松战役中的将士。

【相关链接】

马拉松长跑

在马拉松战役中，雅典军队以少胜多，以弱胜强，大败波斯。为了让这一喜讯以最快的速度传回雅典城，米提亚德派传令兵斐力庇第斯去完成这一光荣使命。斐力庇第斯不顾大战后一身的伤痛和疲惫，带着胜利的喜悦自豪地奋力奔跑。满身血污的他一口气跑过42千米的路程，终于来到雅典广场，大声喊道：我们胜利了！说完，这位勇士就倒在地上，带着胜利的微笑永远地休息了。为了纪念斐力庇第斯，1896年第一届现代奥运会增设了从马拉松到雅典的长跑比赛，称为马拉松赛跑。后来，马拉松成为一种普遍的考验耐力的长跑运动。

三百勇士和一个叛徒

在希腊北部和中部交界的隘口附近，常年活跃着两股硫黄温泉。古时，这里依山傍海，地势险要。泥沙沉积日久，形成一条逼仄的通道，最窄处仅容得下一辆马车。这便是温泉关。在这里，曾有300勇士用血肉之躯筑起一道保卫希腊的长城。

波斯帝国对希腊的两次远征均遭失败。大流士一世年迈多病，公元前486年，他留下征服希腊的遗愿与世长辞了。他的儿子薛西斯一世继位后，再次策划远征。

雷厉风行的薛西斯平定国内动乱之后，立即下令打造战舰，征集粮草，并召集臣服于波斯的46个国家和100多个民族，组建了史上最奇特、最庞杂也最可怕的一支军队：总兵力达50万人，有裹头巾穿长袖的波斯人，有戴铜盔持铁锤的亚述人，有披着虎皮的埃塞俄比亚人；包含步兵骑兵、战车战象，还有近20万海军和上千艘战舰，并配有各类工程员、军用物资供应商和后勤人员。历史学家希罗多德描述说：如果薛西斯的军队到河中饮水，可在一瞬间让河水干涸。

波斯大军分海、陆两队向希腊进发，迅速渡过了赫勒斯滂海峡，气势汹汹，令许多城邦不战而降。薛西斯率军横扫希腊北部，直逼温泉关。

面对最强大的帝国，最庞大的军队，希腊看似弱小得如同一盘散沙。但这不是希腊世界的本质。即使这数百个城邦之间的纷争永无休止，也绝不妨碍他们在危急时刻联合起来共御外敌。当波斯军队浩浩荡荡再次出现在海平线上的时候，连雅典和斯巴达都不计前嫌，联合各邦组成统一战线。这次联合主要归功于地米斯托克利。

地米斯托克利早知希腊处于不利境地，他召集31个城邦聚集在科林斯，以煽情的演说和八面玲珑的外交手段说服他们建立了“提洛联盟”。但是连德尔菲神谕也说，波斯是不可战胜的，不少城邦很快动摇了联合抗争的决心。地米斯托克利因此不断地向神询问。也许神被他的迫切渴望打动了，终于说只有“木墙”才能拯救希腊人。地米斯托克利抓住这个机会，把含糊不清的“木墙”解释成三层桨座的战船。当时的战舰是木质的，如同一座座坚固的海上堡垒，多艘战舰并列起来，正像是巨大的“木墙”。希腊人终于信服了，迅速组建了一支强大的舰队。地米斯托克利把这支舰队派到阿尔米特西海角等候出击。同时，为了让希腊战舰率先抵达阿尔米特西占据有利地形，步兵必须守住温泉关。

斯巴达国王列奥尼达率领7200名战士守卫温泉关。波斯使者前来招降，要求希腊军队交出武器。列奥尼达简洁有力地回复道：“自己来拿！”薛西斯大怒，下令进攻。

战事开始的前两天，斯巴达人严防死守，波斯死伤惨重，毫无战绩。第三天，情况发生了逆转，原因不在于波斯军队的英勇和智慧，而是有人背叛了希腊。一个当地的希腊人不仅向薛西斯泄露了直通斯巴达军队后方的山上小路的秘密，还亲自引导波斯军队经由那条小路前去袭击。

列奥尼达眼见局势发生如此转变，知道凶多吉少，便立即命令主力军撤退。他只选出300位有儿子的父亲跟随他赴死一战，以保证斯巴达人家族的延续。

悲壮的一刻将永远载入史册。列奥尼达率领勇士们奋起抵抗，死守关隘，波斯士兵在他们身边一个个倒下。但寡不敌众，列奥尼达第一个牺牲在战场上，被薛西斯砍下首级，尸体悬挂在十字架上。受伤的斯巴达人一次次冲向敌人，直到生命终结才停止反抗。温泉关一役，300名勇士中仅有两人生还，但他们回到家乡时遭到所有人的唾弃。其中一位为之而羞愤自杀，另一位在后来的普拉提亚战役中英勇牺牲，却依然没有得到斯巴达人的原谅。他们拒绝将他安葬在温泉关300勇士的墓地中。

波斯被顽强的斯巴达勇士4次打退，最终以两万士兵的牺牲换来温泉关的攻占，薛西斯迅速召集陆军直扑雅典。温泉关虽然失守，但斯巴达人的顽强抵抗为希腊海军赢得了宝贵的准备时间，成为希腊联军战胜波斯的关键。

后来，希腊人为战死在这里的斯巴达勇士竖立了墓碑，上面写着全希腊最著名的碑文：

陌生的过客啊，请告诉斯巴达人民，

忠实履行诺言的我们，如今在此长眠……

【相关链接】

雅典大迁移

波斯大军突破温泉关，直指雅典。许多人打算与雅典共存亡，但地米斯托克利做出一个让人难以接受的决定：放弃雅典！他力排众议，劝说每个雅典人此刻应以家庭为重。人们携家带口，纷纷逃往其他城邦。只有少数人应征入伍，补充兵员。尽管他们放弃了心中神圣的故土，但雅典的人口和财富都得到了转移，雅典不过换了一种方式而存在。而薛西斯得到一座空城也对他毫无意义。后世的库图佐夫面对拿破仑大军而放弃莫斯科的战略思想，就源自希波战争中的雅典大迁移。

雅典大迁移中，当百姓登上逃难的航船时，他们驯养的小动物因为超重不能随行，眼见主人的船只远离海岸，这些通人性的小生命都哀嚎起来。据说，当时伯里克利的父亲饲养的小狗追随主人的船只跳入海水，紧随行船泅渡。但航程太远，这只小狗因体力不支，死在了蓝色的爱琴海中。

兵不厌诈：萨拉米斯海战的“告密者”

希腊人面对庞大波斯帝国的排山倒海之势，他们心中的恐惧和挣扎，你能否体会？正面抵抗一定是鲁莽而不自量力的，因为所有愿意保卫希腊的兵力都集合起来，也不抵薛西斯部队的1/10。

大难当头，希腊果断地扬长避短，没有百万大军，就用智慧和英勇做武器。统帅地米斯托克利提出，希腊与波斯的海上交锋战场应该选在萨拉米斯海湾。不仅因为希腊对这里的环境了如指掌，而且萨拉米斯是一个浅水湾，波斯庞大沉重的远洋战舰在此处无法施展，相反，希腊灵活的中小型战舰最适合浅水作战。狭窄的萨拉米斯海湾将限制波斯，使其不能完全展开攻势，只能从海湾入口进入，而希腊舰队就可以乘机将波斯舰队逐一攻破。倘若双方在宽阔的爱琴海上相遇，那希腊无异于以卵击石，自取灭亡。

也许是希腊的保护神暗中相助，波斯舰队刚要包围萨拉米斯海湾的时候，就遇到了两次飓风，狂暴的飓风粉碎了600艘波斯战舰。虽然他们还是完成了对希腊舰队的合围，但一半兵力已经不战而亡。

地米斯托克利先派科林斯舰队开赴海湾西口阻挡波斯军的一拥而入，其余战舰安排在东口，分为左、中、右三队。

一切准备停当之后，波斯进攻了。地米斯托克利不慌不忙找来可靠的奴隶西京，派西京假降波斯。西京来到薛西斯军营，说希腊海军自知难敌波斯，早就丧失了斗志，想连夜逃出海湾。薛西斯大喜，连忙下令封锁海峡东、西两个入口，打算瓮中捉鳖，要将希腊海军全部歼灭。

薛西斯踌躇满志，登上萨拉米斯海湾附近的山顶观战。但不久，他便大惊失色。他发现自己中计了，被科林斯阻挡的波斯战舰只能一艘一艘地进入希腊海军的“大瓮”。此刻正当海潮上涨，水下暗流涌动，笨重的波斯战舰失控了。希腊成功扭转局势，展开了对波斯的集中攻击。他们先用战舰上5米长的铜杆打断波斯的长桨，而后迅速灵活掉转，用舰首包裹黄铜的冲角猛烈冲撞敌人的船舷。波斯战舰无处可逃，成了海上的靶子，眼睁睁被对手摧毁。

日落时分，波斯有200艘战舰被希腊联军击沉，50艘战舰被俘。薛西斯不肯承认自己的失误，怪罪腓尼基人表现懦弱，将他们处死。失去腓尼基海军主力，波斯彻底断送了自己的海上优势，同时再也不能向陆军供应物资了。

这时，又有一名奴隶向波斯军诈称，希腊人将乘胜追击，切断赫勒斯滂海峡的去路。薛西斯没有吸取教训，又一次信以为真。为保全剩余的军队实力，他只得下令撤回小亚细亚首府萨迪斯。但很多士兵在途中死于瘟疫，而希腊舰队也追击到小亚细亚将波斯战舰全部焚毁。波斯剩余的30万陆军最终也没能逃过次年普拉提亚战役的大劫。

公元前449年，波斯被迫和希腊签订《卡里阿斯和约》，承认希腊各邦独立，放弃爱琴海和里海一带的霸权。强大统一的波斯帝国就这样败给了分散而临时组建的希腊联军。这是一次海洋与陆地两大集团的正面交锋，也是东方集权制理念与西方的民主自由思想的大碰撞。也许，如果没有希腊的胜利，就没有今天的西方文明了。

【相关链接】

普拉提亚战役

薛西斯带领战败的波斯大军撤离希腊后，留下马多尼乌斯驻留小亚细亚。萨拉米斯大海战一年后，波斯人仍在希腊境内肆意横行，但希腊人至死不降，终于与波斯军队在普拉提亚平原展开决战。斯巴达国王保塞尼亚斯，也就是列奥尼亚的侄子，率领11万希腊联军前来对阵。马多尼乌斯身先士卒，牺牲在战场上。部队群龙无首，再加上这时原本就对战事漠不关心的非波斯人开始动摇逃亡，希腊人取得压倒性胜利，彻底终结了波斯入侵。爱奥尼亚各邦全部脱离了波斯的统治。

【专题】他记下了希腊的光荣历史，却再也不能回家

在意大利南部的美丽古城图里奥伊，一座坟墓面朝大海，静听涛声。很多路人都会在墓前伫立片刻，向它默默致敬。石碑上写着这样的铭文：这里埋葬着吕克塞斯之子希罗多德。他用母语写出了最优美的历史。他生长在多利亚人的国度，但为了躲避流言蜚语，他把图里奥伊当作了第二故乡。

希罗多德的家乡哈利卡那索斯也是一座滨海小城，在小亚细亚南部。他出身小亚细亚的名门望族，从少年时代起就聪敏好学，酷爱读书，尤其热爱荷马史诗。他的叔叔还是当地一位著名的诗人，希罗多德自小就受到了良好的文化熏陶。

当时，哈利卡那索斯实行僭主政治，阴谋篡权的统治者极度残暴，引起民众的联合反抗。希罗多德也随叔父参加了推翻僭主的斗争。不幸的是，斗争失败，他的叔父被害，他自己也被驱逐出境。在这个僭主最终下台之后，希罗多德一度返回家乡。可没多久，他又因与当权者不合，再次离开家乡。自此，他浪迹天涯，再也没有踏上故土。

在萨默斯岛居住一段时日后，他开始了漂泊之旅，用10年时间走遍黑海、埃及、叙利亚、两河流域、波斯和色雷斯等地。他最喜欢去陌生的地方探寻古迹，了解不同的风土人情，搜集各种逸闻传说。

公元前447年，希罗多德漫游至雅典城邦。此时的雅典已经成为古希腊名副其实的经济和文化中心，这里的繁盛让希罗多

德由衷赞叹，他所向往的文明国度也不过如此。希罗多德在此结识了执政官伯里克利、剧作家索福克勒斯等名人，和他们一同出入各种集会活动。

希罗多德逐渐听闻了很多关于希波战争的故事，他对希腊历史上的这件大事产生了浓厚兴趣。虽然马拉松之战和温泉关战役等著名战役已经过去几十年，希罗多德没能亲身经历，但他不断向战争的亲历者询问当时的各方面状况。在追溯历史的过程中，他萌发了一个念头：他要把这场战争完整地记录下来，让后人都来瞻仰希腊的光辉。

希罗多德很快着手自己的计划。他到很多城邦广泛搜集资料，为了呈现更翔实的历史，他还亲自考察了重要战场的遗址。

漂泊的希罗多德居无定所，是宽容自由的雅典接纳了他。公元前444年左右，他随雅典移民迁移到意大利南部新建的图里奥伊，获得了这里的公民权。希罗多德终于安顿下来，开始潜心写作，一写就是十几年。但是，还没有写到希腊胜利这一激动人心的大结局，希罗多德便溘然长逝，留下西方历史上第一部完备的史学著作《历史》，又叫《希腊波斯战争史》。

这部著作不但严谨而详细地记录了希波战争的全过程，而且融入了各地神话传说、民间故事和王族逸事。后人可以将它作为研究历史的重要参照，去了解西亚和北非等地古时的自然环境、地方风俗、经济生活、政治制度等多方面情况，阅读这部著作，就像走进了一座包罗万象的古代博物馆。

希罗多德也是第一个把文学与历史结合起来的作家。这部作品展示了他优美的文笔和华丽的辞藻，被誉为“西方第一部散文著作”。很多历史人物被他刻画得有血有肉，个性鲜明。比如，阿黑门尼德家族的前辈们，个个品德高尚，推动着波斯社会的发展；但后来的薛西斯则是一个邪恶的疯子形象，飞扬跋扈且愚不可及，是波斯帝国衰败的始作俑者。希罗多德认为他的失败完全是咎由自取。

这部《历史》具有广阔的视野和客观的评论，并没有因对希腊的喜爱而有所偏颇。希罗多德固然推崇民主文明的力量，赞美雅典人民的勇敢智慧与民族士气，但也没有完全否定波斯。希罗多德认为波斯也是个英雄辈出的国度，肯定了他们的文化成就，他反对的只是波斯对希腊的侵略及其集权体制。

希罗多德虽然没有写到全书的结尾，但他仍然完成了一项不朽的事业。正如他在《历史》开篇所说：之所以把这些研究成果发表出来，是为了保存人类的功业，使之不因年深日久而被遗忘，使希腊人和异邦人那些值得赞颂的丰功伟绩不失去它们应有的光彩。

第三篇

悲欢起伏的峥嵘岁月

难道我们只好对时光恸哭？难道我们只有惭愧？——我们祖先的鲜血流过。

——拜伦

第一章　终于迎来黄金时代

小小的希腊战胜了波斯帝国这样的强敌，为了欢庆希腊的胜利、赞颂希腊的伟大，他们认为应该做一些空前绝后的事情了。这时，伯里克利应运而生，他对雅典社会的方方面面都进行了改革调整，使得雅典的政治、文化、经济呈现出前所未有的繁荣景象。几个世纪中，希腊人筚路蓝缕，终于进入了自己的黄金时代。

“洋葱头”的从政之路

在大多数古希腊人物雕像中，我们看到的希腊人都有着自然而端庄的神情，不加任何修饰，就像是立体的证件照。但有一个人不是这样，你能看到他头上戴着一顶奇怪的高高的头盔，有点突兀，又让人肃然不敢冒犯。他就是把雅典带入黄金时代的伯里克利。荷马之后，唯有他能用自己的名字指称一个时代。

伯里克利也出身贵族世家，他的父亲做过雅典舰队的指挥官，母亲是克里斯提尼的孙女。伯里克利长得健硕高大，他的头部看起来也格外硕大。不喜欢他的人总以此取笑他，说他的大脑袋放得下11张睡床，并给他起了个“葱头”的外号。而艺术家们为了维护伯里克利的形象，在塑造这个伟人时，就特地为他加上了一顶头盔，这就是伯里克利雕像的由来。

伯里克利的硕大脑袋中装满了智慧。少年时代，伯里克利由雅典最优秀的老师教授哲学、政治、文学、音乐和体育等学科，吸收了迅速发展的文化，将雅典文明的内涵融合起来纳入自己的思想体系。最完美的希腊人也不过如此。

深厚的文化积淀给伯里克利带来非凡的修养和气质。他是个彬彬有礼的君子，温文尔雅，几乎从不发脾气。曾经有人心怀恶意，在市场上大声辱骂伯里克利，他也毫不在意，神色平和，一句都没有还口。对方跟着他叫骂了一天，一直骂到伯里克利的家门口。伯里克利不但没有半点责怪或恼怒，反而嘱咐仆人将这个口干舌燥的人送回家去。

伯里克利在他的少年时代不仅得到了受益一生的知识积累，更亲历了希腊联军反击波斯侵略的大战。这番经历促使他对雅典政治制度和社会状况进行了细致深入的分析。怀着深刻的民族自豪感和强烈的爱国热情，年轻的伯里克利决定在雅典政坛中大干一番。

伯里克利带着宏伟的目标步入政坛，从不放弃任何一个参与政治的机会。想进入古希腊的军政界，必须具备出色的演讲技能。伯里克利非常重视这点，他的演讲从来不用空洞的口号让人们热血沸腾，而是注重给人心智的启迪。他的发言总是简短有力，一针见血。

公元前472年，戏剧家埃斯库罗斯创作了一部名为《波斯人》的悲剧。他在这部剧中回顾了雅典人打败波斯人的经过，歌颂了雅典人所为之奋斗的价值标准。埃斯库罗斯颂扬自由，反对奴役；赞扬民主政体，反对暴政和独裁。这恰好反映了雅典民心所向。伯里克利抓住时机，出资承办该剧，为自己赢得了广泛的良好声誉。

雅典政坛上，贵族派和民主派展开了激烈的斗争，双方交锋互有胜负。两派相互倾轧的过程中，有些领导者陆续过世或遭放逐。公元前466年，伯里克利加入民主派。这时民主派的领袖是埃菲阿尔特，一位平民出身靠战功起家的优秀政治家。在他的影响下，伯里克利也逐渐成长，在政坛上崭露头角。几年后，民主派人士联手放逐了贵族派对手客蒙，大权在握。但因为执政手段过于激进，埃菲阿尔特不久便被反对派暗杀，民主派的使命由此落在了伯里克利身上。

公元前444年，雅典通过公民大会选举伯里克利为十将军委员会的首席将军。他不仅掌握着雅典的军事大权，还对司法和行政起着重要作用，成为雅典的实际统治者。他在这个职位上一干就是10年，在此期间，凭借着优秀的政治才干，他带领雅典实现了前所未有的辉煌。

【相关链接】

伯里克利与客蒙的角逐

客蒙是雅典将军米提亚德的儿子，也是希波战争中的英雄，并领导了提洛联盟。他因为发现传说中提修斯的骸骨而赢得民众的支持。希波战争胜利后，他成为雅典的主要政治家之一。

客蒙的第一任妻子早年病逝，他又娶了一位斯巴达女子，所生的两个儿子都按照斯巴达人的方式命名。这本来无可厚非，但为了不让客蒙的儿子进入政界，伯里克利颁布《公民权法》，此法规定只有父母双方都是雅典人的，才能获得雅典公民权。

双方交锋多年，伯里克利最终以内奸、叛徒的罪名，用陶片放逐法驱逐了客蒙。伯罗奔尼撒战争中，出于战争需要，雅典人又把客蒙请回加入军队。但伯里克利不允许客蒙在雅典滞留太久。最终，客蒙没能再回雅典，死在了塞浦路斯。

“面子工程”与民主建设

在雅典的普尼克斯山上，严寒酷暑并没有阻挡阿提卡各地的公民。几乎每隔10天，他们就聚集到这里为雅典城邦的未来献计献策。宗教执事拿着祭祀的乳猪，为了祛除不洁绕场一周。随后，会议就开始了。讲台上，最精明的雅典人在发表他的提议，500名投票者坐在微微倾向讲台的地面上。他们头顶是蔚蓝的天宇，一边可以看到卫城上雄伟的神庙，另一边银色的浪花拍击着爱琴海海岸。就在这简朴的会场上，雅典迎来了它的历史巅峰。

伯里克利终于实现了他的政治梦，接下来就该着手实践雅典梦的宏伟蓝图了。他希望雅典成为全希腊的中心。

希波战争中，雅典城曾被薛西斯一把火烧成废墟，很多建筑被毁坏。但在伯里克利看来，宏伟华丽的城市才配得上民主自由的社会。为了恢复雅典城市旧貌，伯里克利动用城邦金库，聘请了一大批出色的雕塑家和建筑师来兴修公共建筑。各行各业的能工巧匠用精湛的技艺把雅典装扮得分外壮丽，很多闻名后世的建筑就是那时的成果。

伯里克利非常推崇戏剧的政治功能，因此，他下令建造了一座能容纳14000名观众的露天剧场。很多剧作家都在这里上演自己的作品，对后来的欧洲文学产生极大的影响。同时，由于精心设计并建造了专门用来诵诗的音乐厅，诗歌也得到了广泛传播和发展。

卫城是雅典的中心，也是雅典人的精神所系。每个政变者都把卫城当作目标，同样，侵略者也把攻占卫城视为胜利的象征。所以，雅典卫城遭到波斯人无情的摧毁。伯里克利自然不会忽略雅典的“面子”。经过一番修葺，卫城上建起了山门、帕特农神庙、雅典娜·尼克神庙、伊瑞克提翁神庙等多种建筑。这是希腊文明的象征，每个雅典人仰望它的时候，都能感受到心灵的升华。

政敌修昔底德曾借此指责伯里克利，说他挥霍公款。于是，坦荡的伯里克利在公民大会上询问大家，他大兴土木的花费是不是过头了。人们纷纷说是。伯里克利就宣布他将用他自己的私人财产承担整修费用，但要在所有公共建筑上刻下自己的名字。公民们不允许他这么做，让他尽管花国家的钱。

这就是伯里克利的个人魅力，他刚正不阿，清白自守，从不利用公职中饱私囊。地米斯托克利在执政期间，可谓是穷着来，肥着走。而廉洁的伯里克利尽管曾用贿赂为城邦谋过福利，但他自己从未借助公职而多得半分。他连别人的宴会邀请都拒绝参加，只有一次例外，那是伯里克利的侄子的婚礼，但是还没等宴席开始，伯里克利就离开了。

伯里克利为了了解民生，经常走到百姓中去和他们交谈，听取普通民众的诉求和意见，以便随时调整自己的改革方案。

经过考察和分析，伯里克利把公民大会升为处理雅典日常事务的最高机构，而执政官多处理行政事务。他还建立了很多由陪审团做最后裁决的民众法庭，陪审团成员通过抽签产生，所有公民都可以担任。在梭伦和克里斯提尼等领导人时代，虽然雅典人民的权利不断增加，但由于陪审员没有报酬，因此在法庭上总是有钱人得势。伯里克利的改革规定，公民每担任一天陪审员，将得到2奥勃，后来又增加到3奥勃，相当于那时普通雅典百姓半天的收入。他还规定，服兵役者也将获得一定酬劳。

他还劝说政府每年给每位公民发2奥勃，作为他们观看戏剧演出和参加运动竞赛的补贴。他认为，这些公共活动不应该只是上层社会的专利，应该给所有公民参与的机会，以提高他们的心智。即使如此，很多雅典名士如柏拉图等，还是保守地反对这项措施，认为这损害了雅典人的品格。

政治地位稳定后，伯里克利还将目标指向经济建设。为了减轻人口压力，他设法在外国开辟殖民地，安排雅典穷人在那里安家立业。考虑到社会上还存在着很多赋闲人员，伯里克利以史无前例的规模发展国有企业。政府扩大了造船厂生产规模，建立兵工厂，并拨款修筑一道8英里的长城，既给失业者创造了再就业的机会，也保障了军资储备。

希波战争之后，希腊赢得了对伊斯坦布尔海峡和赫勒斯滂海峡的控制权，为商业海运争取到充分的自由。战后的雅典舰队为希腊贸易开辟了地中海的每一个港口。如雨后春笋般扩展的商业给伯里克利时代的娱乐和文化提供了财力支援。

只有获得全体民众支持的谨慎而温和的贵族，才能最容易最持久地推行充分的改革。成熟的民主政治给城邦带来多样性，秩序和活力并存，希腊文明由此登上了顶峰。

【相关链接】

帕特农神庙

帕特农神庙被列为世界七大奇迹之一。它坐落于卫城的最高点，是最大最华丽的古希腊建筑。神庙设计出自建筑师伊克蒂诺之手，整座神庙全部用白色大理石砌成，总体呈矩形，周围环绕着46根14米高的巨柱，神圣恢宏。其中供奉的雅典娜神像是雕刻家菲迪亚斯的杰作。神像本体为木雕，面部贴着象牙薄片，瞳孔嵌有宝石，衣服和武器由黄金制成，它的花费比整座神庙还要多。后来，神像被罗马皇帝劫走，下落不明。帕特农神庙也于17世纪毁于战火，如今只有残存的大理石柱耸立山巅。

人们抬举雅典了吗

古希腊文明并非纯粹的原始文明。和其他文明一样，它在岁月的积淀中，不断借鉴吸收了先前更古老的文明。但无论面对什么文明，希腊人都能够使之为我所用，借助外来的基础打造希腊独有的智慧。他们喜欢以商人、旅行者或漂泊者的身份，去国外周游，每到一处都不忘带上怀疑的精神、理性的思辨、好学的习惯以及批判的眼光。

思想家康德说：“个人是自由的，他只服从于法律而不服从于个人。”热爱法律，尊重并服从法律，是自由的核心内容。雅典法律是全体雅典公民的意志体现，因此是无私而公正的。法律面前，人人平等，且不失尊严。

雅典文明的精髓就在于希腊公民享有自由，这个自由涵盖了公民生活的方方面面，是一个完整的自由体系。

自由表达思想是雅典公民的基本权利。每个人都不是别人的奴仆，他们只服从法律，而不需要向任何人低头。雅典公民拥有言论、批评和讨论的自由。作为被讨论的对象，雅典的政治是完全公开透明的，不会对雅典公民有任何隐瞒。每一个公民都可以对现行政策提出自己的意见，即使是被民众推选出的执政官也没有滥用权力的机会。

悲剧大师欧里庇得斯说：“所谓奴隶，就是一个不能发表自己思想观点的人。”是雅典人可以自由地思考哲学、政治和现实生活。阅读古希腊著作时，我们发现，绝大多数希腊学者都不会在自己的著作中为权威注释；在阐述某种学说时，也只是对前人的观点进行介绍。他们都善于独立思考，没有盲从学者的习惯。在希腊各学派中，只有伊壁鸠鲁学派有点儿树立权威的想法，但也仅此而已。他们尊重自己的独立，也尊重他人的独立。

在公民大会期间，街头巷尾到处都是演讲者，他们可以对政策发表任何议论，为自己拉选票或表示支持某人。在雅典的街头和剧院还有各种戏剧表演，戏剧家阿里斯托芬最著名的作品就是政治剧。雅典的名人、政治家、思想家和军事将领都曾成为某位剧作家嘲讽的对象，但从没有人因为进行讽刺表演而获罪。

伯里克利曾如是赞美雅典的自由：“当我们隔壁邻人为所欲为的时候，我们不至于因此而生气；我们也不会因此而给他难看的脸色，以伤他的情感，尽管这种脸色对他没有实际的损害。在我们私人生活中，我们是自由而宽容的。”

当雅典令人民的财富与民主思想日益茁壮，智慧与教化受到希腊人民的关注和追求时，其他城邦却因为陷入党派斗争的旋涡而导致经济文化萎靡不振。

荷马时代的文化可以说是一种贵族式的文化。而在黄金时代，经济与政治的繁荣带来了新的思想和情感意识。《荷马史诗》成为公民教育的普及读物；传统的神话传说也被剧作家们一一改编，变成世俗化的隐喻故事，涵盖伦理道德等复杂纠葛的内容。几个世纪以前的宫廷宴会、贵族节庆，如今也变为全民的自由娱乐。

雅典的艺术在这一时期也得到了空前的发展。这里没有象征至高无上权力的金字塔，也没有体现统治者威严的巨型雕像。从建筑的形态、雕塑的线条，到陶器的花纹，都呈现出和谐静谧的美感，让人心旷神怡。几乎所有的艺术家都愿意和群众的欣赏息息相通。希腊人从来没有忘记过心身的放松，他们的生活优雅而欢乐。

公元前431年，伯罗奔尼撒战争爆发，一部分奋勇抵抗斯巴达人的雅典战士在战场上牺牲了。在这些殉国将士的葬礼上，伯里克利发表了一篇著名的演说。他沉痛悼念这些殉国的将士，赞赏他们大无畏的英雄气概，更对雅典黄金时代的文明成就做出一番自豪的陈述。他说：“我可以断言，我们雅典是希腊的学校，我们当中的每一个人都具备了完美的素质，都有资格走向沸腾生活的各个方面，又同时具备温文尔雅和多才多艺的气质。正因为这些优良品质，我们的城邦才得以拥有它今天的实力。”

【相关链接】

最狭隘也最充实的民主

有人曾对雅典黄金时代的民主政治提出质疑。因为它的受益者其实只占雅典人口的少数，多为富裕有闲的男性公民，而他们的妻子一生都守在家中纺织劳作，连一场戏剧都不能观看。另外，定居雅典的外邦人也始终受到歧视，终日劳作的广大奴隶所面临的糟糕境遇更是不必说了。但我们也要看到，雅典民主最重大的意义，在于它的包容性，它把最高权力直接交到每个公民手里。

我们必须承认，黄金时代所推行的轮流执政、抽签选举的民主容易造成党派倾轧、滥用权力、冲动决策等弊病。但任何一个政体都不可能十全十美，正是这种民主把雅典推上了历史的巅峰。至少，这样一个混乱不宁的政府可以提供一种学习的视角。议会中的投票者，可以聆听全雅典最精明的人发表演说，耳濡目染下，陪审员就具备了敏锐的思维，公务员在责任的磨炼中也更具判断力和执行力。

【专题】“女流之辈，应该关在家里”

在荷马时代，女性虽然没有英雄领袖们威严英勇的荣耀，但她们同样扮演着重要角色。她们是英雄背后忠贞智慧的妻子，是善良正义的人性之化身，甚至倾国倾城以至于引发邦际大战，有多少抒情诗曾经歌颂过关于她们的动人佳话。

但是到了黄金时代，女性从社会上消失了，雅典灿烂的文明似乎没有给她们留出一点儿位置，诗歌戏剧中总是挑剔女人。修昔底德的话大概可以反映当时雅典公民的一致想法：端庄女人的名字，像她的人一样，应该关在家里。

妇女持家的习惯并非希腊传统，而是亚洲传统的一部分。它很可能先由近东传入爱奥尼亚，再由爱奥尼亚传入雅典。同时，雅典的财富逐日增加，浓厚的商业分氛围也促使男人以实用性来衡量女人的价值。他们发现自己的妻子特别适合待在家里，于是把雅典妇女培养成深居简出的贤妻典型。雅典男人娶一个妻子，首先不是拥有甜蜜的爱情，而是得到一个仆人管家。一个女孩从变成新娘的那天起，就等于被关在丈夫的房子里。她没有权利和别人签订契约，也不能向别人借钱或东西，除非是极小极少的数目。就连古希腊贤人梭伦也立法规定，凡是有女人干涉的事情，都不受法律保护。所以，即使她们受了委屈，也没处说理。如果雅典女子的丈夫去世了，她就成了孑然一身无依无靠的寡妇，因为她不能继承丈夫的遗产。原始社会之所以形成母系氏族，是因为人们崇拜生殖，将繁衍后代的能力都归功于女性。但古希腊人恰恰相反，他们认为女性不过是怀胎养育子女的工具。

很多希腊男子决定结婚时，已经接近而立之年了，可他们选的妻子绝不会超过15岁。他们认为自己的青春是持久的，而女人的青春将很快消失。另外，年长的丈夫也更容易让妻子服从于他，以便塑造她的思想，让她更好地为自己服务。

可以说，古希腊是一个单性社会，在所有公共食堂、会场、体育馆、学校中看到的都是男性。由于女人缺乏教育和魅力，男人就在外面放荡成性。他们想到，如果让妻子和女儿也自由活动，那将是一件混乱而危险的事，所以索性用妻子的隐居来交换自己的自由。

假使非走出家门不可，如女人们要去看望亲人、参加宗教节日活动，就必须遮起面纱，由丈夫陪着（不如说看管着）。此外，她们把一生的时光都耗在屋后的闺房中，没有允许她们展示美丽的空间，她们也没有太多美丽可以展示。如果有客人来拜访她的丈夫，她就要小心躲避，绝不露面。

女人唯一的权利就是对下人的监管，也就是说她们的身份地位仅在奴隶之上。她所受的教育包含各方面家务，如厨艺、纺织、缝补等，所以能带领仆役把家庭操持得井井有条。但这也是她受到的全部教育和享有的全部生活。虽然雅典女人比斯巴达女人更庄重可爱，但仍然不成熟，不能分享男人们心智思想方面的收获和喜乐。

不过，就在黄金时代的末期，妇女解放运动兴起了。悲剧家欧里庇得斯是运动的重要人物。他以作品为阵地，用大胆的言辞为妇女主持正义。他虽然遭到阿里斯托芬粗鄙的嘲讽，但的确给雅典妇女带来启蒙。她们逐渐放下手中忙碌的家务，穿上靓丽的衣服，也学会了打扮自己。

女人的魅力由外而内地丰富起来。她们不仅漂亮可人，拥有丰厚的嫁妆，而且能说会道，能够与丈夫同甘共苦，终于赢得了真挚可贵的爱情。

第二章　双雄的暗战与争霸

希波战争结束后，雅典的势力与日俱增，形成与斯巴达相抗衡的局面。为了争夺希腊世界的霸主地位，分别以雅典和斯巴达为首的两大城邦集团展开了一场旷日持久的对抗。用美国学者戴维斯·汉森的话说："土里土气的农家村庄对雄伟壮丽的帝国都市；一个兵营国家号称为境外的希腊自主权而战，一种文雅的帝国主义却杀戮无辜……"

争霸不需要借口

有时候，人们为了增加某一历史事件的戏剧性，往往把战争的起因归结于一个人，尤其是女人。于是自古以来流传着很多"冲冠一怒为红颜"的故事，就像人们说希腊联军因为海伦被拐才将特洛伊夷为平地，吴三桂因陈圆圆被劫而一怒之下将李自成赶出京城。据说，伯罗奔尼撒战争的爆发也和一个女人有关。虽然严谨客观的修昔底德记录这段历史时对她只字未提，但后人还是从其他历史文献中寻出了端倪。

这个不同寻常的女子叫阿斯帕西娅，是一位才貌双全的米利都人。伯里克利遇到她之后，很快就与妻子离婚，把她娶了回去。阿斯帕西娅风度优雅，智慧过人，包括苏格拉底在内的不少哲学家和艺术家都是她的座上客。她的故乡米利都和萨摩斯是夙敌，伯里克利就在阿斯帕西娅的煽动下向萨摩斯进军。

真相当然不会如此单纯，这背后其实隐藏着希腊帝国的扩张野心。地米斯托克利把希波战争期间以雅典为首结成的提洛联盟变成了“奴役”盟友的工具。雅典也因此迅速成长为一个帝国。战后的希腊世界便出现了两个权力核心，即以雅典为核心的海上力量和以斯巴达为核心的陆地力量。地米斯托克利清楚地认识到，斯巴达是不会与雅典结为盟友的。他们只是一群自私自利的家伙，早就觊觎雅典的贸易地位。总有一天，两大势力之一将完成希腊世界的统一。所以，他没有解散提洛联盟，而是借助波斯产生的威胁而加强了联盟。果然不出所料，斯巴达很快地组织了伯罗奔尼撒同盟以抗衡提洛联盟。

抱着扩张的目的，雅典希望加强对爱琴海地区商业和政治命脉的钳制。利用对联盟的领导权，雅典把战时盟友成功转换为自己的藩属，严格控制各地区的贸易运输，提高向各城邦收取的保护费。但盟友们发现，他们上交的经费要么用来整修雅典，要么用来支付希腊内战的军备。

提洛联盟的很多成员对此不满，利益冲突促使各城邦独立思想的兴起，它们纷纷反对，但是遭到伯里克利的武力镇压。萨摩斯岛、埃维亚岛等地都被雅典征服。斯巴达人向来是希腊城邦矛盾的“调解员”。有的城邦希望斯巴达出面，遏制雅典势力的蔓延。斯巴达了解雅典的海军威力，无心作战，但它暗中支持提洛联盟中的反叛者，试图削弱雅典的力量。

随后，两大城邦集团签订了一个为期30年的和平协议。不过，这个协议只是给双方留出了足够升级战备的时间，并没能换来希腊地区真正的和平。主要城邦都选择加入一方阵营，另外一些城邦在两边都有一席之地，处于模糊不清的状态，这时候，任何和平协议都是脆弱的，它本身就埋下了战争的种子。

公元前435年，科林斯的属国克基拉宣布独立，并加入提洛联盟以寻求保护。这时，正在组建一支庞大舰队的科林斯恰好威胁到了雅典的海上霸权。雅典出兵支援克基拉，并对支持科林斯的麦加拉下了强制法令：所有麦加拉的产品不得进入雅典地区以及帝国市场。科林斯和麦加拉处境不利，立即向斯巴达求助。

斯巴达建议雅典撤销《麦加拉法令》，伯里克利表示可以同意，但要求斯巴达准许公民与外国人通商。斯巴达没有接受，反而当面指责雅典违反了和平协定，提出雅典应该承认所有希腊城邦独立自主，也就是逼迫雅典放弃盟主地位。由于双方都不肯让步，一场霸主之争就此拉开序幕。

【相关链接】

萨摩斯起义

当雅典人迫不及待向北、向西扩大自己的利益圈时，东部的萨摩斯人揭竿而起。起义一直蔓延到拜占庭，几乎颠覆了雅典的海上控制权，威胁到雅典在爱琴海地区的版图扩张。当时的萨摩斯实行寡头政治，而雅典刚刚在它的邻邦米利都建立起民主制，双方发生冲突。米利都人向雅典控告萨摩斯，雅典立即派出一支舰队准备废黜萨摩斯的寡头制政府。但萨摩斯政府得到萨迪斯的支持，战争规模随即扩大。最终，雅典围攻萨摩斯长达9个月，收编了萨摩斯的海军，建立民主政府，却也残杀了很多俘虏，并向萨摩斯索要巨额赔款。

伯里克利的“不抵抗政策”

公元前431年以前，没有人会预见到不久之后的一场大灾难。谁能相信，不出3年，人们爱戴的伯里克利会遍身脓疱，气息奄奄？谁能想到，500艘威风凛凛的雅典战舰会全部沉没在爱琴海中？谁会料到，雅典的风流人物亚西比德会被暗杀在一个偏僻的小村落？邦国的幻想、怨怒和冲动让希腊的和平处在崩溃边缘，他们还没考虑清楚代价，战斗就打响了。

接到科林斯和麦加拉的求助后，斯巴达人投票决定向雅典宣战。但国王阿希达穆斯并不急于出战，而是派遣使者前往雅典进行和平谈判。当然，双方都不想让步，谈判僵持了几个月。斯巴达没有着急，底比斯人却先不耐烦了起来，他们索性攻打了雅典盟友普拉提亚，迫使斯巴达撕破协议，投入战斗。普拉提亚战役是希波战争的重要象征，这次突袭在希腊人看来是不可饶恕的。

战火迅速燃起。斯巴达国王召开紧急同盟议会，号召伯罗奔尼撒人和其他同盟国不要玷污祖先的名誉，雅典很强大，但希望所有同盟国打起精神，全力准备作战。随后，他派出使者前往雅典。但这位使者被雅典人拒绝在城外，并被告知“希腊的和平到头了”。

此时，伯里克利的确也在做战前准备。在公民大会上，他让雅典人把财产迅速转移到城内，并宣称对提洛联盟的控制不会放松。提洛联盟每年向雅典缴纳的保护费成了这次战争最主要的资金支持。甚至连帕特农神庙中雅典女神像上的金片，都被取下来以备不时之需。

在财力上，雅典远胜过斯巴达，但它的步兵数量和作战能力明显不如斯巴达。雅典主要依靠以三层桨座的战舰为主力的海军力量，而斯巴达的优势在于陆军，特别是精锐的长矛步兵。

斯巴达集结了3.5万步兵，一路顺利北上，浩浩荡荡开赴雅典。伯里克利自知陆上作战毫无优势，于是采取扬长避短的战略。他下令所有农民迁至城内，雅典全城戒备，但绝不应战。斯巴达人被伯里克利的“不抵抗政策”弄得摸不着头脑，强大的步兵阵容毫无用武之地。雅典的城墙固若金汤，斯巴达便气急败坏地开始破坏城外的庄稼和房屋，希望激起雅典人的愤怒出来迎战。雅典民众正有此意，但伯里克利立足于对当时局势的深入分析，只派出一部分骑兵尽量保护农村地区。

看似按兵不动的伯里克利其实另有谋划。他命令100艘战舰环绕伯罗奔尼撒半岛航行，凡是遇到沿岸城市，就上岸将它夷为废墟，阻断伯罗奔尼撒同盟之间的海上贸易，这大大打击了斯巴达阵营的后方力量。

伯里克利没有让雅典人白白损失家园和土地，斯巴达不久就因为军备供给困难而撤退。它的一些同盟国也遭到雅典海军的袭击。就在斯巴达撤退时，雅典人开始了海陆联合反攻。伯里克利还成功实施了远交近攻的军事战略，将色雷斯和马其顿拉入提洛联盟，使斯巴达腹背受敌。

但是，再足智多谋也难免百密一疏，伯里克利忽略了一个潜在的致命危险。公元前430年的夏天，酷暑难耐，迁至内城的农民挤在临时搭建的木棚里。稠密的人口和恶劣的卫生环境引发了一场大瘟疫。病毒像一个魔咒，在人群中飞速传播。尸体得不到及时处理，产生恶性循环，瘟疫蔓延将近3年。它比斯巴达的进攻更为可怕，很多百姓、战士，甚至医生都被夺去了生命，雅典人口损失了1/4。

伯里克利向战神山议事会申请了10塔兰特金币，相当于330千克黄金。他暗中把这笔钱送给了斯巴达的两位国王，请求他们不要在瘟疫期间进攻雅典。但是痛苦不堪的雅典民众终于忍不住对他的抱怨，认为伯里克利应该对战争和瘟疫负全责，并认为他动用公款向斯巴达求和。在关键时刻，雅典的自由和民主起了负面作用。人们剥夺了伯里克利的职权，罚他交纳50塔兰特。但是没有更优秀的人能接替他的职务，他又被恢复原职。

瘟疫面前，人人都是平等的弱者。伯里克利的妹妹和他与前妻所生的两个儿子相继死去。雅典人对年迈伤痛的伯里克利表示同情，否决了他亲自制定的法律，将公民权授予阿斯帕西娅和她所生的儿子小伯里克利。

斯巴达依旧没有放弃争霸，想取得波斯的支援以增强实力，遂派出一个使团前往波斯。但伯里克利及时察觉了这个阴谋，在途中拦截了使团，将使者押回雅典处死。此后，提洛联盟对斯巴达产生了警惕。

天意难料，复职后没几个月，伯里克利自己也身染瘟疫。在雅典内忧外患的时刻，这位黄金时代的领袖不幸倒下了。

【相关链接】

小伯里克利的命运

为了阻止政敌客蒙的儿子进入政界，伯里克利曾颁布《公民权法》。但他的第二任妻子阿斯帕西娅是米利都人，说明小伯里克利同样不能获得公民身份。不过，雅典人出于爱戴和同情，在伯里克利死前赐予小伯里克利公民权。公元前410年，小伯里克利进入政坛，成为雅典海军将领。但他4年后在与斯巴达盟军交战过程中，由于救援不力被战神山议事会判定有罪。参战的8名海军将领有两人逃走，小伯里克利和其他5人回雅典受审，被判处死刑。苏格拉底曾试图为小伯里克利辩护，但终究没能成功。

刀锋下的脆弱和平

也许，生活经验决定了一个人的价值观。伯里克利死后，民主派压倒贵族派夺得雅典统治权。民主派的领袖多为商人出身，比如，以制灯为生的希波布鲁斯、贩卖绳索的欧克拉迪斯，为首的克里昂则是个皮革商。也许是出于商业阶级的利益考虑，加上自身的激进风格，他们要求无论海上陆上都积极作战。以克里昂为首的民主派上台后，立即扩充军备迎战斯巴达，终止了伯里克利的延宕战略。

借用普鲁塔克的生动形容，克里昂是“雅典人中，对人们演说时，脱掉外衣猛拍大腿的第一人”。克里昂精明而能言善辩，也最飞扬跋扈。这位极具野心的政客对抗斯巴达的唯一方式就是进攻，再进攻。

克里昂很快就得到机会展现他的才干。公元前425年，在克特利亚战役中，没有任何海军将领能攻下这个据点。但克里昂以出人意料的勇气和战术将斯巴达陆军牢牢困住，迫使斯巴达军队大规模投降。雅典俘虏了120名斯巴达贵族，斯巴达只好请求和平谈判。然而，好战的克里昂说服了渴求和平的雅典民众继续战斗。他的绝招就是承诺雅典人以后无须再纳税支援战争，而通过增加盟国的贡款来筹集经费。同时，他向斯巴达提出苛刻的条件，间接拒绝了谈判请求。

斯巴达人担心贵族俘虏在雅典受到迫害，不敢直接挑战雅典，转而攻击提洛联盟的其他成员。布拉西达是斯巴达有勇有谋的名将，他成功地与马其顿国王佩尔迪卡斯二世结为盟友，在色雷斯联合对抗雅典。同时，多年战争大大消耗了斯巴达的兵力，布拉西达让奴隶加入军队，承诺给他们自由。面对强大的斯巴达联军，雅典又招架不住了。

布拉西达率军向安菲波里发起攻击。安菲波里是雅典的木材供应地，雅典战舰的原材料多半来自此处。斯巴达人精心策划，里应外合攻下这座城池，震惊了雅典。斯巴达军队接着一鼓作气，又攻下雅典的几个盟邦。

战争已经进行了8年，仍然没有任何结束的迹象。而百姓永远是厌战的。虽然雅典当权的是主战派，但以尼西阿斯为首的主和派更顺应民心。在尼西阿斯的努力下，对战双方终于达成了为期一年的休战协议。这只是名义上的休战，局部地区的冲突依然时有发生。而且，双方都用这一年的时间积极进行军事筹划。

休战期满，克里昂就迫不及待起兵攻打安菲波里。他率海军舰队沿海岸线一路攻击色雷斯地区的斯巴达盟邦。此时，布拉西达连连拿下北部的雅典属国，得知雅典军队进攻安菲波里之后，立即挥师进入安菲波里城内。很快，克里昂与布拉西达展开了一场生死决战。这一次，克里昂的智谋没有敌过这位斯巴达英雄。雅典开始败退，克里昂在仓皇逃窜中被敌军杀死。斯巴达人大获全胜，但布拉西达也在战役中身负重伤而死。

雅典和斯巴达两败俱伤。而斯巴达国内又面临希洛人起义的危机，再次要求和平谈判。克里昂死后，主和派终于抬头。公元前421年，在尼西阿斯的推动下，双方最终签订了《尼西阿斯和平条约》，宣布战争结束，并且承诺维持50年的和平。协约还规定：任何一方不得故意挑衅；要用和平手段化解冲突；双反各自退出所占领地，交换战俘；一旦斯巴达发生奴隶起义，雅典将予以支援。伯罗奔尼撒战争的第一阶段终于告一段落了。

【相关链接】

镇压米蒂利尼

公元前429年，雅典属国米蒂利尼发动叛变，推翻了民主派政权，并宣布脱离雅典而独立。克里昂的惩罚提议是将米蒂利尼的成年男子全部处决。更为令人吃惊的是，公民大会竟然通过了此项决议。雅典派帕克斯带一船士兵前去执行。而当这残暴不仁的决策传遍雅典城时，主和派领袖再次召开会议，设法取消了这一命令，另派一艘船追赶帕克斯，这才避免了一场大屠杀。不过，帕克斯还是将1000名叛乱者带回雅典，按照当时的法律，以及克里昂的提议，将他们全部杀死。

都是亚西比德惹的祸

雅典有一位机智而幽默、勇敢而放荡的“富二代”：他穿上一双新颖的鞋子，那种款式的鞋子就成了雅典城最时尚的标志；他因为和朋友打赌，敢在大街上对最有权势的人扇耳光；虽然他有时完全听不进他人的良好意见，但苏格拉底还是对他分外亲切；他犯了无数次法，伤害了无数个人，但就是没人到法院起诉；即使是他的妻子也不能阻止他与风尘女子鬼混。他唯一遇到的对手就是稳重而慷慨的尼西阿斯。这个青年就是雅典的头号风流人物——亚西比德，正是他把希腊世界50年的和平友好变成了6年的短暂休歇。

亚西比德继承了克里昂的雄辩口才、好战风格和称霸野心。公元前420年，他当选为十将军委员会成员后，便开始暗中策划。此时，雅典已经从瘟疫中走了出来，社会气象有所恢复，却又被亚西比德重新带入备战状态。

为了实现自己的帝国梦，亚西比德把目光锁定在意大利西西里地区的富饶国度，想为雅典开创一片新天地。如能在那里立足，雅典不仅能够控制伯罗奔尼撒半岛的海上运输，而且贡款收入将翻倍，物力、人力、财力也都能得到空前提升，整个西地中海都将纳入大雅典帝国的版图。

不过，想征服西西里并没有那么容易。公元前427年，当希腊大陆两军对阵时，西西里也上演了两个阵营的争霸赛。一方是以叙拉古人为首的多利安人阵营，另一方是以莱昂蒂尼人为首的爱奥尼亚人阵营。爱奥尼亚人曾向雅典求助，说一旦叙拉古把西西里变成多利安人的天下，就会为斯巴达提供强大的支援。亚西比德立刻抓住机会，认为趁西西里内乱之际将它并入雅典将不费吹灰之力，并辩称成为强国就必须武力扩张，否则就会堕落衰败。

议会被亚西比德的妄想和扩张阴谋所煽动，尽管尼西阿斯一再反对还是无济于事。议会决定拨出一大笔海军军费向西纳库斯宣战，亚西比德和尼西阿斯同时担任舰队指挥。两个向来不和的政客凑在一起，难免让人对这次出征多了几分忧虑。

就在舰队即将起程的日子，雅典发生了一桩怪事。当熹微晨光洒入雅典城中，人们惊异地发现，很多公共建筑和私人宅邸前保护神赫尔墨斯的雕像都被敲掉了耳朵和鼻子。雅典人惶恐又愤怒地进行调查，原来是亚西比德在醉酒后带领朋友搞的恶作剧。亚西比德要求立即开庭审判，因为没有足够的证据，以他的如簧巧舌一定能为自己开脱罪名。他的政敌料想到这点，故意延期审判，让亚西比德先赶赴西西里。

一支由130多艘三层桨座战船和两万多名士兵组成的远征军队从雅典出发了。抵达西西里后，他们并没有马上攻击西纳库斯军队，而是准备征讨附近一个港口城邦，以占据有利地势。但是战斗还没有打响，雅典就找到了亚西比德毁坏神像的新证据，命他速回雅典受审。亚西比德怕自己难逃一死，在回国途中逃跑了。亚西比德对雅典怀恨在心，便逃到伯罗奔尼撒半岛，投靠了斯巴达。在斯巴达议会上，他表示愿意为斯巴达效力攻打雅典，然后在雅典建立贵族政权。

亚西比德很快成了斯巴达的谋士，他建议斯巴达兵分两路，用一支舰队去西西里支援西纳库斯，另一支军队去攻击雅典的重要乡镇德克莱亚。德克莱亚有著名的劳留姆银矿，并连接着雅典城外的所有村落。拿下德克莱亚就等于切断了雅典的财源，届时，各属国见雅典大势已去，也不会再拥护支持。斯巴达人采纳了他的提议。

再说尼西阿斯统率的雅典大军，在公元前414年春夏之交对叙拉古进行了围攻，大败西纳库斯。正当西纳库斯准备投降时，斯巴达的援军赶到，把雅典舰队封锁在西纳库斯海湾。雅典原本来得及撤退，但恰好发生了月食，尼西阿斯过于迷信天象，错过了最后的突围机会，雅典大军最后发现自己被敌人彻底包围。尼西阿斯被迫应战，先后在海上、陆地遭到敌军的猛烈攻击。尽管英勇奋战，雅典人还是被打败了。体弱多病的尼西阿斯最终战死沙场，雅典士兵的尸体堵塞了河道，幸存者则成为斯巴达的俘虏，被充作矿场奴隶，饱受折磨而死。

【相关链接】

亚西比德的双面摇摆

雅典惨败于西西里岛之后，许多同盟国纷纷退出联盟。同时，亚西比德代表斯巴达来到小亚细亚与波斯订立同盟条约，但是他又背叛了斯巴达。他劝说总督不要帮助斯巴达，让总督坐观鹬蚌相争。如果斯巴达称霸希腊，对波斯来说，与雅典帝国时期没有任何区别。

久陷困境的雅典也于此时爆发了寡头政变，建立起寡头军事领导。但民主制已经深入人心，许多海外城邦并不承认雅典新政权。灵活善变的亚西比德乘机倒向民主派，他对萨摩斯的雅典驻军进行煽动，说服了驻军将领迎回自己。如亚西比德所料，寡头政治不久夭折，而雅典人经过讨论，召回了包括他在内的一些流放将领。在这场战争中，亚西比德虽然遭到多方唾弃和怀疑，却能利用不同利益集团之间的矛盾纠葛展开自己的外交攻势，左右逢源，实在令人又气又恨。

羊河口悲歌

连连挫败的雅典终于迎来了好消息。在赫勒斯滂海战中，经过休整的雅典海军打败了海上经验匮乏的伯罗奔尼撒联军，大大鼓舞了快要丧失希望的雅典。次年，雅典继续发挥海上优势，夺回了色雷斯海岸和黑海航道的控制权。

尽管如此，由于波斯站在斯巴达一边，雅典还是处在不利地位。虽然波斯没有向斯巴达派出援兵，但一直用金钱支持着斯巴达的军备。就在雅典海军再次崛起时，波斯和斯巴达的联系更进了一步。波斯王子居鲁士出任小亚细亚总督，斯巴达海军统帅莱山德尔上任第一件事就是去拜访居鲁士。莱山德尔不仅密切了与波斯的关系，还带回了10000大流克金币（大流士一世所铸，1大流克金币重约8.4克）。他把这笔钱用来提高舰队水手的薪酬，招徕了许多水手，甚至有雅典水手也为了利益跑到斯巴达这边。因此，雅典也损失了一部分兵力。

莱山德尔的智慧不仅体现在用金钱争夺水手之上，更表现在他的作战思维中。公元前406年，莱山德尔听说亚西比德不在雅典军中，立刻发起攻击，一举击沉15艘雅典战舰。雅典军事上并无大碍，政治上却发生了剧烈震荡。因为亚西比德投靠过斯巴达，而他在这次战役中缺席，雅典人都认为是他与莱山德尔串通导致了雅典的损失。精明投机的人也有被暗算的一天，亚西比德再次被雅典人放逐了。

莱山德尔任期一到，即被鲁莽无谋的卡利克拉提达斯接替。新的海军统帅先对萨摩斯的雅典驻军发起攻击，击沉30

艘战舰。山穷水尽的雅典，已不惧破釜沉舟的代价，将卫城的金银雕像全部拿来作为最后的经费，打造了110艘三层桨座战船，又汇集了盟友的40艘战舰，并承诺愿意为雅典效力的奴隶将获得自由，外来定居者将得到公民权。

在阿尔基努萨伊群岛，雅典的新舰队与斯巴达海军展开了一场大规模海战。这场战役扭转了战争局势，斯巴达损失惨重，70艘战舰被毁，卡利克拉提达斯阵亡，雅典夺回了制海权。但因为没有打捞牺牲的水手，一些指挥官公开受审。雅典重视死人甚于生者，这些优秀的指挥官都遭到处决。在最关键的时刻，雅典自己断送了“前程”，可见它的民主并非十全十美。

趁雅典城内局势混乱，斯巴达卷土重来。按照斯巴达的法律，任何人不能两次出任海军统帅，但出于信任和爱戴，莱山德尔被推举为统帅助理，以此名义指挥海军行动。他也再次得到了居鲁士的鼎力相助。

公元前405年，莱山德尔打探敌方情况，确定雅典没有在赫勒斯滂海峡防守之后，立即组织舰队一路奔袭，攻占了拉姆普萨克斯。雅典也派出180艘战舰在羊河口驻扎，准备与对岸的斯巴达舰队决一死战。雅典军来势汹汹，如果此刻交锋，斯巴达未必占优势。莱山德尔也采取了伯里克利曾经用过的避战方案，下令全部舰队退回港口。急于决战的雅典海军不断发出挑衅，但没有得到丝毫回应。

直到第五天，斯巴达还是不理睬雅典军队的挑衅。就在雅典舰队掉头返回后，一艘斯巴达小船忽然发射了闪光信号，通知斯巴达雅典军队已经全部登岸。整装待发的斯巴达战舰迅速起锚，飞速扑向对面的雅典战舰。等雅典人发现斯巴达人的袭击时，已经来不及反击了。空荡荡的战船被斯巴达人轻而易举地拖走，180艘战舰只有9艘逃脱。雅典士兵继而遭到斯巴达人的陆上追击，伤亡惨重。

连神像上的金子都被用来备战的雅典，再也没有能力弥补损失了。它的海上通道被彻底阻断，来自斯巴达海陆两方的全面包围使雅典沦为一座孤城。除了萨摩斯，再没有任何盟友支持雅典。败局已定，长达27年的伯罗奔尼撒战争即将进入尾声。

公元前404年4月，被困的雅典苦不堪言，终于向斯巴达投降。莱山德尔说他不愿意摧毁曾为希腊做出如此多贡献的城市，也不愿意奴役雅典人民；但要求雅典将长城夷为平地，不得保留海军，只能备12艘小型战船作为自卫军，召回寡头派流放者，并接受斯巴达的领导。

黄金时代在战火中化为灰烬。一场历经数十年的“古代世界大战”改变了希腊世界的格局。伯罗奔尼撒战争带给希腊的创伤，远比希波战争造成的伤害来得严重。虽然斯巴达赢得了希腊霸权，但此后再也没有任何结盟能与曾经的提洛联盟相提并论，也没有任何时代能与黄金时代相媲美了。

【相关链接】

三十僭主

为了加强对雅典的统治，斯巴达在雅典扶植了傀儡政府，成立了一个由30人组成的寡头政权，被称为“三十僭主”。以克里提亚斯为首的政权对外谄媚，对内残酷。他们没收了富商的财产；放逐了5000名民主人士，将另外1500名民主人士处死；他们暗杀所有持不同政见的人，扼杀了知识的传授和言论、集会的自由。雅典笼罩在一片“白色恐怖”之中。

苏格拉底的审判

亚里士多德把真理看得比老师重要，说“吾爱吾师，吾更爱真理”。克里提亚斯也不独尊老师，他把政权看得更重要。所以，身为苏格拉底的弟子，他却禁止苏格拉底公开演说，并强令老师拥护他的寡头政治。年近古稀的老哲学家自然不会向强权妥协。当克里提亚斯命苏格拉底和其他4人去萨米拉岛逮捕民主人士莱昂时，其他4人都听命前往，唯有苏格拉底拒绝，他认为莱昂是清白无罪的。三十僭主很快被推翻了，苏格拉底没有因此事获罪。但恰恰是推翻三十僭主的民主派对苏格拉底判处了死刑。

对苏格拉底提起诉讼的民主派领袖安尼托其实并非坏人。他曾在色拉西布洛斯的领导下英勇打击残暴的寡头派，却也挽救了被捕的寡头派人物，促成色拉西布洛斯的大赦，并把三十僭主强取豪夺的财产归还民众。但他唯独对不能给雅典带来任何危害的苏格拉底耿耿于怀，其中原因要从早年往事说起。安尼托曾被流放国外，这期间，他的儿子留在雅典跟随苏格拉底。当安尼托回到雅典时，发现他的儿子已经堕落成了酒鬼。这件事安尼托一直怀恨在心，也不可避免地先入为主，戴着有色眼镜把苏格拉底看成一个腐化青年的蠹虫。

而在苏格拉底看来，让雅典为之骄傲的民主和自由正逐步堕落。随着扩张侵略与反侵略战争，雅典不仅失去了物质的繁荣，也丢弃了精神的高贵。真正的智者永远能够做到“众人皆醉我独醒”，苏格拉底看到雅典的民主制度江河日下，为之忧心忡忡。他希望雅典能及时遏制自己的堕落，把文明传播到每个雅典人心中，让城邦走上复兴之路。

曾经为国家在战场上出生入死，现在这位老师又点燃自己思想的红烛，希望能光耀雅典。苏格拉底每天游走在雅典的大街小巷，和集市上的人们讨论政府权力的弊端，教人们用怀疑的精神和批判的眼光看待一切权威，甚至包括雅典崇拜的神明。如果民众都能够开启心智，认清现实，追求真理，那么雅典的振兴将指日可待。

但是能大赦政敌的民主派政权，并不能宽容一个正义而有远见的启蒙者。他们惧怕公民受到苏格拉底的影响，从而动摇当下的统治。于是，借着“不敬神明”和“毒害青年”的罪名，包括安尼托在内的当权者将苏格拉底送上法庭。

安尼托对苏格拉底最初的不满也加深了对他其他方面的仇视。安尼托认为，尽管苏格拉底曾经指责克里提亚斯的统治，但毕竟是残暴者的老师；伯罗奔尼撒战争中的叛徒亚西比德也与苏格拉底交往过密；而他的好朋友曾是克里提亚斯的部下，刚刚死在民主派的刀下。这些间接的合理或不合理因素在安尼托心中缠绕，他觉得对苏格拉底的处罚要么就是流放，要么就是处死。

公元前399年，对苏格拉底的审判开始了。审判在一所普通法院中进行，近500名公民参加决议，大多数人都不是知识分子，他们甚至不了解苏格拉底其人其事，听到对他的诉讼就判断他是雅典的祸害。

在申辩时，苏格拉底宣称自己一直在履行传播善与美的神圣使命，“无论你们做何处置，我将永远不会改变我的作风，甚至必须万死我也在所不惜”。当法官想打断他的话时，他更加坚定地说下去：

“我想让你们知道，假如你们杀掉我这样的人，你们将伤害自己比伤害我更严重……因为杀死我，你们将很难找到另一个像我这样——容我做一个不恰当的比喻——上帝派遣到我们国家的牛虻。雅典像一匹硕大高贵的马，由于它体积大、行动迟缓，需要给予刺激才能让它提起精神来。”

公民大会第一次投票表决时，赞成判处死刑的人只比反对者多60票。这意味着，倘若苏格拉底的申辩能缓和柔软一些，他很可能会扭转局面被宣判无罪。他也有权提议用罚款代替死刑，但他起初并没有让步。直到在弟子柏拉图和朋友的努力担保下，他才愿意出30米纳，约为3000美元。但是，苏格拉的强硬态度没有得到普通百姓的理解，第二次投票，希望判处他死刑的又多了80人。

死刑已判定，但苏格拉底仍然有机会越狱逃脱，他的弟子们准备买通法官，甚至安尼托也希望能折中处理此案。但苏格拉底坚持原则，绝不因怕死而逃避。在死前一个月内，每天都有学生去狱中探望苏格拉底。苏格拉底视死如归，依然平静地和学生们交流思想、开展辩论。

一个月后，苏格拉底饮下毒酒，献祭于一个衰朽了信仰的时代。

雅典的躯体与灵魂如今都已衰竭。一个国家的穷困潦倒并不可怕，可怕的是它灵魂上的创伤再难医治。幸好，苏格拉底用自己的生命换来了雅典人的觉醒。

【相关链接】

“我死诸君思我狂”

正如苏格拉底在申辩中的预言所讲，雅典人不久之后就后悔将苏格拉底判处死刑。但为时已晚，他们放逐安尼托，处死另一位起诉者米勒托。为了纪念这位伟大的哲学家，雅典人还曾塑造了苏格拉底的铜像。

苏格拉底的确像一只牛虻，让雅典这匹沉沦老朽的马重新打起精神。雅典文化经过一番阵痛后，再次走向成熟，文学、哲学和艺术等方面以惊人的活力走出绝望，重新成为希腊文明的中心。

【专题】观众至上，命运在左，世俗在右

在雅典的剧场上，观众是最自由最有权利决定戏剧命运的。观众只要不满台上的演出，就会向舞台扔出橄榄和无花果，当然，最常用的是石头。著名戏剧家埃斯库罗斯曾经就差点死在乱石之下。有时，如果把一幕戏中观众丢的石头都收集起来，甚至可能盖出一座房子。

看戏是古希腊人重要的日常活动。从公元前420年伯里克利开始发放观剧津贴起，戏剧的受众便从上层人士扩展到普通百姓。人们对戏剧的需求越来越强烈，演出场地也从广场搬进了能容纳上万名观众的专门剧场。

为了方便观看，剧场多建在山丘的斜坡上。看台呈半圆形，向戏台环绕。戏台兼具多重功能，宽敞的舞台之外，还有旁边的房子用来给演员换装，墙壁可用作舞台布景，表现战争的血腥场面。当时舞台上还可以借助一个滑轮表演天降神明的画面。合唱队站在演员与观众之间的圆形空地上，旁边设有狄奥尼索斯的祭坛。

看台座位曾经用木头支撑，因为后来发生了坍塌事故，就换成了石质座位。虽然各阶层人士都可以入场观看，但并不能随意就座。几个有靠背的座位是留给显要人物的，男人女人不能坐在一起，而且严谨端庄的妇女也从不出外看戏。

希腊的剧场总是热闹非凡，人们争吵着抢好座位，看戏时吃着果子喝着葡萄酒，高兴时鼓掌欢呼，厌烦时发出嘘声喝倒彩，或者乱踢凳子表示不满，最猛烈的抗议就是扔石头了。观众席上也有演员雇的托儿，万一大家对戏剧不满，他们就立刻鼓掌喝彩掩盖嘘声。否则，只要观众不高兴，无论演到何处，演员都会被赶下台。人们对大多数剧情耳熟能详，根本不在乎演出完整与否。

最早在舞台上出现的是古希腊悲剧。因为起源于酒神节，所以悲剧的题材多限于大众都能接受的古希腊神话与英雄传说。虽然这令戏剧失去了悬念，但剧作家用各具风格的诗篇加以描绘，用不同的音乐做渲染，用自己的哲学思想和道德伦理做阐释，仍然令古希腊悲剧产生了深邃经典的魅力，能够启迪人们的心智，净化人们的灵魂。

悲剧的主人公总是那些坚强不屈的人物，他们不是不够强大和正义，但面对错综复杂的命运，他们屡遭失败，得到一个悲惨的结局。观众为主人公的遭遇感到震惊、恐惧、怜悯和黯然神伤。古希腊有三大著名悲剧家，即埃斯库罗斯、索福克勒斯和欧里庇得斯，是他们把悲剧推上了古希腊文学的顶峰。

后起的喜剧则远离了高高在上的神明和英雄，牢牢根植于当时的文化和政治土壤。戏剧家在生活中的所见所闻就是他的创作素材。在喜剧中，严肃的气氛不见了，取而代之的是轻松而粗俗的市井气。它滑稽戏谑，常常用来讽刺社会现象和政治制度。古希腊著名的喜剧家阿里斯托芬是独一无二的喜剧天才。

在马其顿一统希腊之后，喜剧有了新的发展。它的焦点从政治转移到各个阶层的社会人物。演员在台上插科打诨，演绎着世俗的欢乐。

第三章　混战游戏上演了

伯罗奔尼撒战争没有解决任何问题，仿佛获胜只是为了腐朽。斯巴达如愿称霸后，很快遭到底比斯的反抗，并被其取代。但底比斯在希腊历史中更是昙花一现。在前两者纷纷衰颓时，雅典人看到了复兴的希望，却无奈重蹈覆辙……不同城邦的希腊人千百次在战场上兵戎相见，即使是人类历史上最璀璨的文明，也毁于慢性的民族自杀中。

家里牛，外面熊

我们还记得，公元前431年，斯巴达在向雅典宣战的动员大会上说，要解放全希腊。当漫长而痛苦的27年战争过去之后，斯巴达称霸希腊世界时，它之前的征伐口号真是一个巨大的讽刺。不久之后，它便成为历史上骄兵必败的悲剧案例。

对于曾经加入提洛联盟的城邦，斯巴达曾许诺给它们自由，但一向诚恳朴实的斯巴达人失信了。它要求每个城邦每年进贡1000塔兰特，也就是现在的600万美元。像雅典的三十僭主政治一样，各地区都有斯巴达扶植的贵族政权，并由一位斯巴达总督带一支警卫队负责监管。由此，斯巴达对战败国大肆掠夺，横征暴敛。

进贡的财礼和搜刮的赃款从希腊各地源源不断流入斯巴达，这改变了斯巴达以往崇尚简朴的生活作风。统治阶层很快适应了他们的新地位，都过上了朴实其表、奢华其里的日子，莱库古留下几百年的法律也被他们抛到一边。

当时，大面积土地当作嫁妆归于女人手中，而斯巴达的全民军事制度让女人在大部分时间都过得舒适自如，斯巴达的道德风化也远远不如从前。由于土地一再分割，很多百姓的土地越来越少，以至于交不起公共食堂的粮食而被剥夺公民权。大批财产集中在少数斯巴达人手里。民众对制度的不满越积越深。

当斯巴达面临国内和外邦的双重矛盾时，波斯的内战不知不觉影响了希腊世界。公元前401年，居鲁士背叛了他的哥哥阿尔塔薛西斯二世，在斯巴达的支援下，召集了一支军队准备兵变篡权。兄弟俩在两河流域展开大战，居鲁士兵败被杀，而他的残余部队在波斯王的追击下一面抵抗一面奔逃，一直抵达黑海才算到了安全地带。他们的英勇行为传遍希腊和后世。后来的马其顿国王菲利普二世就由此深信，只要希腊部队足够精锐，就能打败庞大的波斯。亚历山大也是借鉴这条道路实现了自己的帝国伟业。

斯巴达国王阿格西劳斯大概是最先受启发的人，他刚上任就率领一小支部队前往希腊在亚洲的土地，又打着解放的旗号，向那里的统治者——波斯总督发起挑战。他轻而易举取得了胜利，阿尔塔薛西斯二世不得不对他重视起来。波斯用大量黄金蛊惑雅典和底比斯向斯巴达宣战。

经过了9年的和平，雅典与斯巴达再次在战场上相遇。阿格西劳斯还沉浸在亚洲战场的胜利喜悦中时，便被召回对战雅典和底比斯联军。在克罗尼亚，斯巴达勉强抵挡了联军的攻袭。但很快，以科农为统帅的雅典与波斯联合舰队一举击败了斯巴达海军。雅典仿佛又找回了当年的自信，在波斯的援助下，重修“长城”，并筹划扩充军备。

但就在这时，一贯强硬残暴的希腊霸主向波斯求和了。为了保全自己，斯巴达把希腊在亚洲的土地作为交换条件送给波斯，请波斯维持希腊世界的和平局面。阿尔塔薛西斯二世欣然同意，不再援助雅典和底比斯。公元前387年，波斯迫使各方在萨迪斯签订了《国王和约》，和约规定希腊所有主要城市都享有自治权，但是希腊在亚洲的土地以及塞浦路斯都归于波斯国王的掌控。

雅典虽然不满，也只好勉强签字。斯巴达出卖亚洲城邦成了古希腊历史上最丢脸的事。希波战争中无数英雄用鲜血和生命换来的荣誉就这样被彻底抛弃。希腊大陆名义上各自独立，可实际上都处于波斯的控制之下。所有希腊城邦都将斯巴达视为叛徒。

【相关链接】

色诺芬的《远征记》

居鲁士兵败后，他手下的1.2万希腊人逃亡巴比伦内地。为了应对波斯追击，他们选出3名将军带领部队，其中一名就是色诺芬。他有幸经历了人类历史上罕见的一次大冒险。这支希腊队伍的勇气令人敬佩，他们上溯底格里斯河，穿越库尔德斯坦和亚美尼亚山区，最终撤退到黑海。他们日复一日应对敌人的追杀，历经5个月，用脚步丈量了2000多英里的敌境。看到黑海时，部队只剩下8600人。色诺芬后来将这次历险写成了一部历史著作，题为《远征记》，既为他赢得了军事家的名声，也奠定了他的文学地位。

底比斯：十年一觉霸权梦

《国王和约》签订后，斯巴达继而转变为和约的执行者，仗着波斯给它撑腰，在希腊世界为所欲为。希腊其他各邦对此愤愤不平，期待能有一个城邦站出来对抗斯巴达。这时，底比斯出场了。

在雅典和斯巴达争霸的时候，底比斯还只是一个在经济上较为发达的大邦。它本是伯罗奔尼撒同盟的一员，悄无声息地在幕后发展。斯巴达打败雅典后，因为急于扩张霸权，而忽视了对伯罗奔尼撒同盟的控制。底比斯抓住机会迅速崛起，成功控制了希腊半岛中部的彼俄提亚地区，建立了彼俄提亚联盟。有了波斯的资金支持，底比斯得以集中发展军事力量。

如今，斯巴达靠丧权辱国的外交手段再次威胁底比斯。为了维护自己在希腊的霸权，斯巴达一心削弱逐渐壮大的底比斯。它以彼俄提亚联盟违反《国王和约》的自治条款为由，强制解散联盟，还在这一地区的许多城邦建立寡头政治。底比斯勇敢抗议，斯巴达便出兵占领底比斯的城堡，并将民主人士赶到国外，建立它一贯的寡头政治。可斯巴达小瞧了底比斯这匹黑马，遭到出乎意料且前所未有的顽强反抗。

伯罗比达斯是被流放的底比斯民主人士。他来到雅典，讲述城邦在斯巴达统治下的悲惨处境，雅典人答应帮助底比斯摆脱斯巴达的控制，重获自由。推翻独裁统治的时机到了！公元前379年，伯罗比达斯在雅典的支援下，率军攻入底比斯。他的生死之交伊巴密浓达在城内组织人马配合他一同突袭。他们联合杀死了4名独裁者，将斯巴达警卫队驱逐出境，重新建立了民主政权。在两位密友的领导下，底比斯的国力日益强盛。

战争的消耗对每个国家都是相同的，各地区都想维护和平环境，集中精力积累财富。于是，斯巴达、雅典和底比斯在公元前375年签署了“普遍和平”协议。但和以往一样，所有的和平都是短暂的。

底比斯经历了数年的起伏变化，现在比以往任何时候都要强大，甚至从表面上看，它的军事实力几乎超过了斯巴达。公元前371年，斯巴达召开全希腊会议。在会上，斯巴达不允许底比斯代表整个彼俄提亚地区签署和约，底比斯的代表伊巴密浓达与斯巴达人展开了争辩。最后，伊巴密浓达甩袖而去，没给斯巴达留一点情面。在旁观者眼里，底比斯这是自不量力，过于强硬。但伊巴密浓达并非等闲之辈，他早已做好了挑战希腊霸主的准备。

伊巴密浓达其实是个沉默寡言的贵族，没有人比他说得更少，也没有人比他懂得更多。他生活简朴，为人谦逊正直，有勇有谋，忠诚严谨，人们爱戴他胜过敬畏他。他本人并不喜欢战争，但是一个国家想要维护独立自由，就必须在一定程度上保持尚武的精神。在伊巴密浓达的领导下，原本散漫无序的底比斯人集结成一支训练有素的精锐部队。伯罗比达斯则将许多关系亲密的朋友一起编入300人的“圣队”，又称“底比斯圣军”，借助这些人与挚友之间的情感牵绊，使他们变成一支异常团结而可靠的队伍。他们将在战斗中彼此保护，誓死斗争。

底比斯和斯巴达的较量很快开始了。这场激战因发生在底比斯西南方的城市而被命名“留克特拉会战”。底比斯两位密友将率领6000士兵，迎战斯巴达国王克莱昂伯罗图斯带领的1

万大军。伊巴密浓达在这次会战中创下了历史性的纪录，他是第一位讲究战术的希腊军事家。他发现了古希腊重装备步兵的弱势：右翼士兵的一半身体没有盾牌掩护。伊巴密浓达采用斜楔队形，将主力士兵集中在左翼，去攻击敌军薄弱的右翼；击溃右翼后，趁敌军大乱发起总攻。依照这种创新战术，底比斯巧妙地夺取胜利，将斯巴达联军打得落花流水，国王克莱昂伯罗图斯也在战场上阵亡。

伊巴密浓达的斜楔队形给后来的马其顿国布兵排阵带来启发。他集中优势兵力的战术也被列为世界军事史上的一大贡献。

斯巴达在留克特拉出乎意料地遭到重创，导致其在希腊世界的霸权覆灭。次年，伊巴密浓达又率军进入伯罗奔尼撒半岛，斯巴达盟邦见势不妙，纷纷宣布退出伯罗奔尼撒同盟。曾在斯巴达铁蹄之下饱经苦难的美塞尼亚也乘机宣告独立。伯罗奔尼撒同盟彻底瓦解，斯巴达再也没能从挫败中恢复元气。

称霸也许是每个城邦在强大之后必做的一件事，但也往往由此导致了它的衰落。伯罗奔尼撒同盟瓦解后，底比斯第一次俯瞰整个希腊世界，和雅典、斯巴达一样，得势的底比斯也开始推行霸权。但彼俄提亚联盟的成员除了美塞尼亚早已厌倦专制，在抗议中离开了底比斯。底比斯为了显示自己的实力，决定和雅典进行一场战斗。而斯巴达希望恢复声望，扳倒底比斯，于是和雅典联合共同抗击底比斯。

公元前362年，双方在曼提尼亚交战。几乎所有古希腊城邦都卷了进来。伊巴密浓达带领底比斯取得胜利，却被色诺芬的儿子杀死在战场上。没有了伟大的领袖，底比斯很快走向衰落。它第一次也是唯一一次占据希腊霸权只持续了短短10年。

【相关链接】

重装备步兵

重装备步兵作为希腊陆上作战的主力，一直采用传统阵势。步兵纵深排成12列，轻步兵和骑兵部署在方阵两翼做保护。他们用盾牌和身体向前冲撞，直到对方溃败。但士兵通常是右手持长矛，左手持盾牌，因而最右侧士兵的身体就会有一面露在外面，这成了重装备方阵最大的弱点。

第二雅典同盟：好了伤疤忘了疼

当底比斯建立起彼俄提亚联盟时，雅典决定与底比斯联手防范斯巴达，于是也紧随其后再次建起海上同盟，也就是第二次雅典同盟。前事不忘，后事之师。雅典人吸取教训，在建立之初就郑重申明：所有盟邦都保持独立和自治，根据自己的意愿执政，不接受任何外界驻军和行政官员，也绝不缴纳贡赋；雅典仅仅是同盟中的普通一员，不会干涉任何城邦的内政。虽然这次加入同盟的70个城邦的实力较以往大为减弱，但还是成功地壮大起来。

在雅典将军卡布里亚斯的指挥下，第二雅典同盟在纳克索斯大败斯巴达，取得了一场至关重要的胜利。现在，雅典重修了城墙，财政和贸易恢复畅通，又逐渐夺回了爱琴海地区的商业霸权。在众多城邦的再次团结下，雅典重新成为东地中海区域最强大的势力。得势之后，它很快忘记了用之前的惨败换来的教训，企图再次称霸全希腊。

和约上虽声明雅典与其他盟邦一律平等，但它还是暗中做了手脚。同盟的政策主要由雅典公民大会和同盟最高审议会决策，所有议案均需得到两大机构的一致批准。在同盟会议中，每个城邦只能派一名代表参加，所以雅典有机会通过威胁弱小的城邦让自己的提议获得更多支持。在财政方面，虽然名义上的“保护费”或贡赋取消了，但雅典强制征收“同盟税”，借口为同盟运转提供资金保障。这种文字游戏愚弄不了任何人。“同盟税”虽比曾经的贡赋宽松了些，不过从很多城邦对税款的拖延来看，它们还是不满于雅典的贪婪和野心。

斯巴达败于留克特拉之后，雅典觉得该轮到自己扩张了。它相继征服了萨摩斯、色雷斯、皮特那等位于马其顿及色雷斯海岸的城市，并派雅典人前往当地进行监管。

同盟成员见雅典旧戏重演，纷纷起义。雅典一度将所有将军都派出镇压同盟起义，但无果而归。很多城邦相继退出了同盟。雅典的威胁和处罚对反抗者来说毫无效用。

雅典不得不在公元前355年又签订一份和约，承认各邦独立。这也是迫于愤怒的波斯王阿尔塔薛西斯三世的威胁。最后，雅典不得不面对比底比斯过去还要严峻的众叛亲离局面，真是得道者多助，失道者寡助。

从表面上看，雅典对财富和权力的欲望毁灭了第二雅典同盟。但其中，或许有更微妙的不可控因素，就像一个人的成败并非仅仅取决于他的性格和自控力，有时其发展阶段也局限或引导着事态的发展。

有学者认为，思想形式会影响它所依托的文明。在一个民族文明的早期，人类几乎不会有意识地进行思想活动，多认为行动才是最重要的，所以他们毫无顾忌地相互争斗。等文明逐渐成熟时，各种习俗、规范、道德、法律就将冲动的天性抑制下来。自我意识逐渐深入，行动则逐渐让步于思想。由残忍到同情，由崇拜到怀疑，由表现欲到内敛性，人类原始共同的特质逐渐削减，战斗的意志也在思辨中逐渐消磨。

所以，也许雅典的再度衰落是文明发展的必然。此时的希腊一片萧索散乱，经过多年混战，所有城邦几乎都用尽了元气，没有谁能再让希腊重振雄风了。

【相关链接】

叙拉古的兴起

当整个希腊混乱到了极点的时候，位于西西里岛上的叙拉古成为希腊城邦中最富有、最强大的邦国之一。狄奥尼修斯一世是当时最有力的统治者，也最阴险多谋、自负虚荣。他在叙拉古建立起僭主政治，在这一时期称霸西西里岛东部，足以与地中海大国迦太基相抗衡。

【专题】当法庭陪审：有趣、有料、有钱赚

在雅典，每个年满30周岁的男性公民都可以在民选法庭供职。审判官每年都会从有意愿参与的公民中抽签选出陪审员。法庭审理每个案件都只有一天时间，所以陪审团往往没有时间讨论，而是直接投票表决。

之所以愿意做陪审员，雅典人可能是出于娱乐和经济的双重考虑。自古以来，出现在法庭上的案子就包罗万象，涉及各个领域，有时也十分离奇。人们能在法庭上听到各种奇闻逸事，甚至会听到百里之外的异邦政变新闻。几乎每个案件背后

都牵连着一系列关于生活、伦理的“趣”闻或奇闻，所以，陪审成了一件好玩的差事，严肃中掺杂了娱乐和猎奇，至少也能增长自己的见识。

经济上的好处则是得益于伯里克利的改革，他把陪审制度变为有偿服务。他发给陪审员一天的工资相当于公民平均日收入的一半。这就为劳苦百姓提供了赚钱的机会，也让那些退了休的老年人有途径获得生活保障。但是这样一来，陪审员的政治法律素养就难以保证，难以实现伯里克利最初的设想，也导致雅典后来一系列的判案失误。

每个案件配备的民选审判官人数在201到501名不等，且为了避免投票产生平局，人数都控制为奇数。集中这么多人来审判一个案件，一是为了让更多公民直接参与决策，二是为了防止行贿。

指控的轻重程度决定了不同案件的审理时间，有专门的滴漏来计算耗时的长短。法庭对于审判时间规定严格，对证据的规定却比较宽松。原告和被告都有权申辩自己对城邦的种种贡献。证人指证被告人曾担任过公职，而被告人无所顾忌地自吹自擂，这都是雅典法庭的常态。奴隶虽然不能出任陪审员，但他们有权在法庭做证。因为他们无处不在，时时跟随在主人身边，常被迫助纣为虐，往往也是最好的证人。另外，即使是那些受到严重控诉的人，也会毫不犹豫地展示自己的弱势，以博得法官的同情。因此，雅典法庭上还常常出现这样的情景：被告人声泪俱下地讲述自己的处境，结果他就被无罪释放，或者以罚款的方式代替死刑。

为了保证审判公平、公正、公开，法庭精心设计了抽签装置。每个民选审判员的名字都被刻在小铭碑上，所有的铭碑都被塞进抽签装置，它能够随机分配每天的陪审员。投票则是通过不记名方式进行，每位审判官将得到两枚鹅卵石用来表决，其中一枚有一个圆孔。每次投票前，传令官都会提醒大家：有孔的鹅卵石代表支持起诉人，完整的鹅卵石代表支持被告人。有时，鹅卵石也被替换为铜饼。收集投票的容器一个是铜质的，一个是木质的。铜质容器用来放置代表审判员意愿的鹅卵石，另一块不用的放在木质容器中。

在雅典，全体审判官的决议是终局性的。民选法庭就是雅典的最高法院，一旦判决就不能再上诉。所以，民选审判官们既是陪审员又是法官。

第四章　马其顿重整河山

在躲过波斯侵略一个世纪后，分散而混乱的希腊半岛再度面临外族入侵的危险。让人惊异的是，这次不是庞大强势的波斯，而是一个看上去微不足道的边缘小国。腓力二世壮大马其顿王国之后，又将目光瞄向希腊世界。但这一回，经过一系列混战的雅典、斯巴达和底比斯再也不能像抗击波斯那样齐心协力了。

在夹缝中立足的王国

马其顿由两块截然不同的土地组成。在北部的上马其顿，两条大河向南蜿蜒流去，大地上只剩下高低不平的丘陵和绵延不绝的山脉，呈现出一个马蹄形区域。在南部的下马其顿，两条河流将这里冲刷成广袤肥沃的平原，面朝爱琴海，形成马其顿王国的腹地，这里集中居住着大量农业人口。在群山耸立的边远乡村，蓊郁的树林成片生长，丰富的矿藏比比皆是。马其顿人谨慎地守卫着自己的家园。

公元前3000年起，居住在多瑙河下游和巴尔干半岛的古希腊人开始向希腊半岛北部迁徙。他们分批南下，一部分多利安人留在希腊半岛北部。随着民族的发展融合，这里的多利安人与伊利里亚人、色雷斯人相互通婚，这就形成了马其顿民族。不过，无论是马其顿人还是希腊人都不认为马其顿人是希腊人。大多数希腊人都听不懂马其顿的官方语言，他们习惯把不会说希腊语的人统称为“蛮族”。谁能想到这么偏远的民族竟会成为希腊世界的主宰呢？

马其顿的地理位置决定了它长久的动荡不安。它的南部夹在色萨利之间，东部紧邻色雷斯和卡尔西迪斯同盟，北有佩奥尼亚，西有伊利里亚和伊庇鲁斯。生于忧患之中，马其顿只有奋起抵御外敌侵入。马其顿历任国王还要防备各地的世袭君主，牢牢守护自己的王权。马其顿国王佩尔狄卡斯曾说，这片土地必将在太阳的照耀下成为他的王国。

上、下马其顿最初是两个部落，公元前6世纪，马其顿才完成统一，实行和希腊半岛截然不同的君主专制。不过，一方水土养一方人，两地区的风俗习惯差异很大，甚至语言和宗教也不相容，导致他们彼此排挤。

当波斯王大流士一世计划征服希腊时，马其顿首先受到侵袭。当时的国王阿明塔斯一世立即呈献贡品，表示臣服于波斯的统治。于是马其顿避免了一场血光之灾，成为波斯的藩属——波斯帝国的10个纳税区之一。当薛西斯进攻希腊时，马其顿成为波斯大军的有力外援，这让希腊人更加厌恶并排斥这个“野蛮民族”。

为了消除希腊城邦对自己的仇视，马其顿统治阶级宣称自己是阿尔戈斯人的后代。阿尔戈斯是多利安人的一支族群，马其顿统治者如此宣称也就间接地把自己归为希腊人。他们还解释说，向波斯妥协只是为了保全百姓所做的权宜之计。当它协助的波斯在希腊战场上灰头土脸地惨败时，马其顿及时调整了方向，试图跟紧崛起的雅典和斯巴达。当时的国王佩尔狄卡斯常在雅典和斯巴达之间犹疑不决，先后加入过两方的联盟。马其顿尽管希望借助盟主的势力振兴自己，但并不愿接受任何外来势力的统治。

当阿克劳斯一世登上王位，他将马其顿都城从内地迁往沿海，进一步加强了与希腊城邦的往来关系。阿克劳斯注重文治，他从古希腊邀请了很多艺术家、诗人、哲学家，著名的悲剧家欧里庇得斯就是阿克劳斯的座上宾。像伯里克利对雅典进行改造一样，阿克劳斯大力修整首都培拉城，筑起华丽宫殿，拓宽交通要道；模仿希腊军队的形式，改编了部队的形制；还仿造奥林匹亚的宙斯节，设立了马其顿版的奥林匹克运动会。马其顿国在这一时期沐浴了文明的光辉，马其顿王室逐渐成为国家的文化中心和社会生活中心。但是没多久，伟大的国王阿克劳斯就死于一场暗杀。

此后，马其顿王国又回到了动荡不安的日子，国王不断更换。底比斯在阿明塔斯三世去世后，干涉马其顿内政。阿明塔斯三世的长子帕迪卡斯三世被扶上王位，次子腓力被带到底比斯作为人质而扣押。

所谓塞翁失马，焉知非福，命运看似关上了一扇门，实则也打开了一扇窗。人们没有想到，作为人质的腓力将来有一天会以王者之风重返故国，就像人们也没有想到小小的马其顿能够收拾好希腊内战的残局。

【相关链接】

欧里庇得斯在马其顿

公元前408年，孤独落寞的雅典悲剧家欧里庇得斯受邀作客马其顿。这位72岁高龄的老人受到国王阿克劳斯诚挚的接待和保护，他终于找到了生命最后的宁静与安慰。在培拉期间，他写下一部《阿克劳斯》（现已失传），歌颂东道主所谓的阿尔戈斯传统。另一部题为《酒神的女祭司们》的作品，意在唤起酒神令人恐惧的权力，酒神在马其顿家庭尤其受到崇拜，由饮酒过度而发生的悲剧事件时有发生。在马其顿舒适地生活了18个月后，欧里庇得斯便在那里长眠了。

人质也能华丽转身

腓力王子是阿明塔斯三世和伊利里亚妻子尤莉迪丝最小的儿子。在尤莉迪丝的温柔呵护下，小腓力无忧无虑地成长，跟着母亲学习读书认字。但美好的童年时光很快随着马其顿局势的变化而终止了。年少的腓力成了混乱政权中的受害者，在底比斯当了3年人质。

但他的流亡并非完全无益。腓力来到底比斯时，底比斯刚刚赢得留克特拉会战的胜利，成为古希腊最强大的城邦。他正好赶上了底比斯的黄金时段。腓力跟随底比斯名将伊巴密浓达和伯罗比达斯，学习了军事战术和治国方略。少年的腓力矫健而英俊，曾摘得奥运会战车比赛的桂冠。他意志坚定，睿智精明，以旁观者的视角，冷静地观察着希腊与波斯之间的斗争，对时局有着清醒的认识。虽为人质，但腓力在底比斯的收获对他日后的发展具有不可估量的价值。

公元前367年，腓力回到马其顿时，恰好国内一片混乱。这又为腓力提供了意想不到的机遇。马其顿每位国王的统治期都很短暂，腓力的哥哥帕迪卡斯三世不久也牺牲在一次战役中。国君之死必然引起国家危机，这时急需一位勇武果断的统治者主持大局。这个重任的担负者非腓力莫属。腓力先是以王叔的身份辅佐侄子阿明塔斯，迅速控制了马其顿政府。到公元前357年，腓力废黜幼主，登上王位，史称“腓力二世”。

腓力二世上台后接管的是四面楚歌的马其顿王国，正面临敌对势力的强大威胁。色雷斯人支持与腓力二世同父异母的兄弟们与他争夺王位。雅典人也希望夺回在安菲波利斯失去的殖民地，于是支持觊觎马其顿王位的阿吉乌斯。不过，腓力二世只用了两年时间就稳定了国内局势。他凭借精明的外交手段，成功说服了色雷斯和雅典放弃对夺权者的支持。然后，腓力二世集中精力很快挫败了佩奥尼亚人和伊利里亚人，重新控制了马其顿西部和西北部。

在接下来的10年中，周边所有形势都对马其顿有利。先是伊庇鲁斯与马其顿结为同盟，西部得到稳定。于是腓力二世将注意力转移到东面，以迅雷不及掩耳之势夺取了塞尔玛湾沿岸及色雷斯地区的希腊城邦。他还在那里收获了丰富的金矿银矿，大大扩充了国家的财力资源。

在腓力二世的统领下，马其顿王国很快摆脱了外族的侵扰。自从公元前6世纪建国以来，马其顿还从未享受过如此多自由与自信。腓力二世解除国家的军事后患的同时，也着手进行了一场大刀阔斧的改革。

在政权方面，他将国内散落的部族团结起来，使马其顿成为一个牢不可破的整体。全部政财权都集中在他一人手中，王权加强，贵族议会和公民大会的权力减弱。

军事上，他建立了一支忠实的皇家护卫队。哥哥的溃败导致国内许多贵族丧生，腓力二世借此机会重新招募军队，那是一些来马其顿寻找财富的包括希腊人在内的不同民族。老贵族成员可以担任军队指挥，也就是皇家侍从官。他还借鉴伊巴密浓达的战术建立起著名的马其顿方阵，这意味着传统的希腊重装步兵不再是战场主角。同时，马其顿王国的海上力量也进一步加强。

当时，波斯使用金币，希腊使用银币，腓力二世则采用金银双本位制。他将自己获得的财富和土地慷慨赠予他的追随者。在下马其顿地区，他将沼泽里的水排干，使这一地区能够被利用起来，更重要的是能与周围的殖民地连接在一起。

腓力二世拥有了以往马其顿国王从未拥有的优势，他的政策在国内外有着广大而忠诚的支持者。但是，他的奋斗没有止步，他更大的目标是希腊。

【相关链接】

欧洲有史以来的最强军队

腓力二世将800名贵族组成骑兵。战争中，他们骑上马其顿或色雷斯战马，以密集队形作战，随着不同的指令，可以即刻改变战术，并且行动如一。腓力二世将一些粗野人和农夫组成步兵方阵。16列士兵，各自将长矛举过前列士兵的头部，或直接放在他们肩上。前5列士兵的长矛突出于方阵之外，特别是前3列士兵的长矛比希腊士兵的标枪还长。战斗中，他们先投出长矛，再用短剑作战。每个士兵都装备了盔甲和轻型盾牌。方阵之后是弓箭手，他们将箭射过矛兵的头部，直指敌军。再后面是攻城部队，他们携带着投石器和破城槌，朝着目标汹涌而上。腓力二世精心训练出的这支强有力的军队具备无坚不摧的力量，战斗力堪称欧洲之最。

是路见不平，还是乘虚而入

腓力二世早就盯上了希腊这块肥肉。但是，他行事谨慎，为了让局势变得更为有利，他有意掩盖自己吞并希腊的野心，避免成为众矢之的。在巩固统治的10年里，腓力二世为自己的扩张之路做好了铺垫。他先通过谈判和贿赂拉拢了色雷斯。打败伊利里亚之后，为了让希腊城邦不起疑心，他还向雅典等城邦示好。在这一时期，马其顿得到了充足的积淀。

野心迟早将为人所知。作为雅典的殖民地，安菲波利斯一直是马其顿和雅典之间冲突的焦点。伯罗奔尼撒战争中，马其顿曾帮助斯巴达打下安菲波利斯城；帕迪卡斯三世时期，马其顿联合雅典收复了安菲波利斯，不久又撕毁了与雅典的协议，将安菲波利斯据为己有。腓力二世登上王位后，为了稳固自己的统治，平定周边的敌对势力，用安菲波利斯换取了雅典人的支持。这只是个假象，和他的哥哥一样，腓力二世也食言了，公元前357年，腓力二世出兵占领了安菲波利斯。

雅典幡然醒悟，终于看穿了马其顿的伪善。雅典人正准备出兵夺回安菲波利斯，它的盟邦却挑起了反对雅典的“同盟战争”。与马其顿相比，同盟国的反叛才是燃眉之急。雅典扔下马其顿，却在大战中伤痕累累。

濒临崩溃的希腊世界似乎正等待一位收拾残局的统帅，腓力二世也敏锐地察觉到这一可乘之机。位于希腊中部的弗西斯占领了德尔菲神庙附近的地区，德尔菲向底比斯寻求保护，底比斯对侵略者弗西斯处以重罚。这激怒了弗西斯人，他们不但没有缴纳罚金，反而变本加厉地洗劫了德尔菲神庙。他们募集了一批雇佣军准备攻击底比斯，并得到雅典和斯巴达的兵力支持。

战争爆发了，公元前355年的这场混战再次席卷希腊众多城邦，被称为“神圣战争”。弗西斯在众城邦的支持下打败了底比斯，又向北部的帖撒利进发。

帖撒利见势不妙，急忙向正在海上作战的腓力二世求援。腓力二世占领了雅典的盟邦迈弗纳，在战争中失去了一只右眼。收到帖撒利的求助后，他率军来到帖撒利，帮它赶走了弗西斯，但帖撒利所面临的侵略者只不过由弗西斯换成了马其顿而已。马其顿把这里当作第一站，继而大规模征伐周围邻邦，几乎将温泉关以北的希腊地区全部归入马其顿的势力范围。温泉关这一要塞再次攸关希腊的存亡。

雅典试图联合斯巴达共同抵抗马其顿，但斯巴达不予理睬。在求和派的推动下，雅典与马其顿签订了停战和约。应底比斯和帖撒利之邀，腓力二世通过温泉关，直入弗西斯，使弗西斯彻底臣服。公元前346年，神圣战争终于结束。腓力二世以支援者的名义赢得了“德尔菲神庙捍卫者”的崇高荣誉。马其顿成为这附近同盟中的重要一员，正式加入到希腊世界中。只要它愿意，它随时可以干预希腊事务。雅典当然感到不满，但由于并非马其顿的对手，雅典只好顺应多数城邦的欢迎之势。

赢得希腊的拥护后，腓力二世放心地去攻占赫勒斯滂海峡的沿海城市，这再次危及雅典的经济利益。如果这些城市落入马其顿手中，雅典就相当于被切断了海上贸易通道。雅典撕毁和约，立即派兵前往赫勒斯滂海峡，在拜占庭海域成功击败了马其顿。往日的辉煌重新降临，雅典踌躇满志，准备重整江山，将马其顿赶出希腊。

但雅典的希望很快化作了绝望。当腓力二世攻占弗西斯的消息传到雅典时，只有德摩斯梯尼一人有勇气提议抗战。他动员全希腊联盟反击马其顿，却收效甚微，只有科林斯、麦加拉和迈锡尼以及伯罗奔尼撒部分地区考虑了他的呼吁。斯巴达仍然对底比斯耿耿于怀，一直持冷漠态度。雅典人也因为没能及时应对马其顿日益强大的威胁而备受指责。但是，斯巴达在最后一刻仍然拒绝援助希腊同胞也产生了一定影响。

公元前338年一个夏天的夜晚，一场决定希腊命运的决战展开了。在彼俄提亚爆发的凯罗尼亚战争中，只有雅典、底比斯、彼俄提亚联盟的雇佣兵以及伯罗奔尼撒的几个兵团迎战腓力二世。马其顿势不可当，出动了极具杀伤力的步兵方阵，腓力二世与其子亚历山大一右一左，亲自指挥。在马其顿骑兵方阵的猛烈攻击下，希腊全军败退。

希腊世界的主要力量已被马其顿征服。对剩下的城邦，腓力二世软硬兼施，逐渐使全希腊降服。

公元前337年，腓力二世在科林斯召开了全希腊会议，这类似于中国春秋战国时期的会盟，而霸主自然是马其顿。腓力二世建议希腊各邦停止内战，共同支持马其顿，其目的在于建立以腓力二世为统帅的联军，“向波斯复仇”。

不幸的是，当腓力二世为远征波斯全力以赴时，却突然遭到暗杀。希腊人认为这是个难得的反抗机会，可是他们都小看了马其顿新上任的年轻国王。

【相关链接】

腓力二世之死

公元前336年夏天，腓力二世为女儿举办了盛大的婚礼。他身着白袍，在众宾客的簇拥下走向礼堂。就在腓力二世即将迈入礼堂大门的时刻，人群中忽然冲出一位士兵打扮的年轻人。他手持一把短剑，迅速刺入腓力二世的胸膛。腓力二世当场倒下，现场一片混乱。凶手跳上马企图乘机逃跑，不料马腿被野藤绊住，他摔了下来，被当场杀死。

刺杀事件的幕后黑手一直是个谜团。有人说是因改革而被触动利益的贵族，有人说是抵抗君主制的希腊人，也有人认为暗杀是他的前妻出于嫉妒所为，更有人认为是亚历山大为争夺王位一手策划。

【专题】柏拉图的学园

像中国的孔子一样，苏格拉底有很多弟子，他用交谈和提问的方式和弟子们交流，以自己的言行教给他们人生与世界的哲学。有一天，苏格拉底向弟子们提了一个要求，让他们把手臂往前甩，再收回来，每天做300次，问他们能否做到。学生们纷纷笑道“这有何难”。一个月过后，苏格拉底问谁坚持了，有90%的学生举起手。两个月后，再问，有80%。一年之后，苏格拉底又一次严肃地问了这个问题，就在大家带着羞愧面面相觑时，一只手举了起来。这个在一年后唯一举起了手的人就是柏拉图。他是希腊哲学三贤中的关键人物。

柏拉图出生在雅典一个古老而显赫的家族，母亲的家族可以追溯到梭伦，父亲的家谱甚至可以上溯到雅典早期的国王。他原名叫阿里斯托克勒斯，意为“最优秀最著名的”。的确，他在各个方面都表现出非凡的天才，数学、哲学、修辞学、诗歌、音乐无不精通；他玉树临风，迷倒了一大批雅典人；他体格魁梧，还参加过摔跤比赛，所以他的体育老师给他起了个绰号叫“柏拉图”，就是“大块头”的意思。

欧里庇得斯原来想当哲学家，结果成了戏剧家；而柏拉图相反，他擅长情诗，还写过一部四幕悲剧，他不知道自己该从文还是从政。幸运的是，柏拉图遇到了苏格拉底。苏格拉底其实是柏拉图舅舅的好友，虽然早就相识，但直到柏拉图20岁时，才亲身感受到苏格拉底的思想魅力。当看到苏格拉底把观念演绎得行云流水，柏拉图毫不犹豫地抛弃了诗歌和戏剧，不再执着于体育和女人，像着了魔一样开始心无旁骛地追随这位老者。柏拉图在苏格拉底身边聆听他的教诲，专心记录思辨笔记，逐渐成长为一位富有思辨性和创造性的哲学青年。

然而，几年后，雅典社会发生了一系列灾难事件，寡头政治的白色恐怖，克里提亚斯的死亡，民主政治的恢复，带给柏拉图最深刻影响的则是恩师苏格拉底的死。公元前399年，柏拉图在法庭上亲历了恩师苏格拉底的审判。一个月后，他所追随的哲人饮鸩而死。苏格拉底的死给柏拉图带来了深深的震撼。周围发生的一切让他感到前所未有的恐惧，好像雅典的末日就要来临了。他带着惶惑和惊恐离开了雅典。

柏拉图去了国外很多地方，和那里的知识分子生活在一起。后来在埃及，他又跟随教士们学习历史和数学。回到雅典后，社会局势依然动荡。柏拉图再度流浪。来到叙拉古时，他不幸被卖为奴隶，幸好他的朋友们为他募捐了一大笔钱把他赎回来。不过，奴隶主并没有收下这笔钱。于是，柏拉图用这笔钱在郊外下了一块用来休息的园林，以当地的地方神之名命名为“阿卡蒂姆斯”。柏拉图在这里建起一座学园，这座学园成为此后900年中全希腊的知识中心。“阿卡蒂姆斯”（Academus）就是“学院”（Academy）一词的来历。

柏拉图的学园以宗教为核心，尤其崇敬文艺女神缪斯。在这里学习的学生都不交学费，但是他们富裕的家长要对这个机构有所捐赠。当时雅典人对知识的关照令人尊敬，很多富人都在遗嘱中表示，把一部分遗产捐给柏拉图学园，好让那里的人们安心做学问。

学园的特色还在于它打破了希腊对女性受教育的限制，兼收男女学生。他们在这里重点学习数学和哲学。机敏灵活的逻辑思维成为入学的必要条件，就像学园大门上写的提示语：不懂几何者免进。当时有所成就的数学家大多曾是这里的学子。

演讲在那个时代也十分重要，无论是从政还是讲学，演讲都是展示个人魅力、传达思想的有效途径。在学园授课时，演讲大多重视理论基础，讲究功利实用的学生往往对演讲感到失望，但是后来的很多哲学家都受到深刻影响。他们常常为了捕捉出口即逝的精辟语句，随听随记，还将笔记复印传阅，以便深入领会其中的精髓。

第五章　亚历山大的帝国之梦

马其顿腓力二世之子亚历山大一继位就表现出卓越的统治才能。他很快解除了国内的反叛威胁，仅用一年就将希腊半岛牢牢掌控。带着他的希腊联军，他又远征波斯，波斯及其附属国都被他先后纳入版图。如果他能更长寿一些，他的疆土将辽阔得无法想象。但他已经凭一己之力缔造了一个横跨欧、亚、非三洲的庞大帝国，重新书写了希腊世界以及埃及、西亚的历史。

一个征服者的灵魂

公元前357年，腓力二世迎娶了马其顿盟友摩洛西亚的公主奥林匹娅斯。新婚之夜，奥林匹娅斯梦见一道闪电击在她身上燃起大火，而腓力二世后来常常梦见妻子身上封印着一只狮子。希腊神话中，闪电是宙斯的象征。当亚历山大出生后，人们相信这是宙斯之子。

亚历山大自幼就显示出不凡的天资。他精通各项运动，曾驯服一匹让专职骑手都感到为难的烈马，腓力二世对此大加赞赏，对小亚历山大倍加爱护。亚历山大13岁时，父亲把希腊最渊博的学者亚里士多德请到宫中，这位哲学家向亚历山大传授了自己的思想和智慧，使亚历山大对统一和征伐的热爱来得更为庄严。

亚历山大的思想受到亚里士多德的濡染，而又保持了自己的独立性。亚里士多德有鲜明的种族优劣观，认为希腊人是世界上最优秀的人种。他说：应该把希腊人当作朋友对待，把野蛮人当作禽兽对待。而亚历山大超越了他的老师，认为应该不分种族，只需以善恶为标准。正因此，亚历山大虽然征伐了大片土地，但到哪里都能得到大批民众的支持。

奥林匹娅斯自称是阿喀琉斯的后代。受母亲的影响，亚历山大尤其痴迷于《伊利亚特》。当他开始远征，第一次渡过赫勒斯滂海峡时，他觉得自己是在重走阿喀琉斯的道路，并且认为自己是为了继承祖先于特洛伊未竟的事业，才去征服小亚细亚的。无论战争打到何处，他都要随身携带《伊利亚特》，而且是由老师亚里士多德亲自评注的。

他的灵魂中既有腓力二世旺盛的精力，也有奥林匹娅斯的粗野奔放。父亲的野心与母亲的野性融合成亚历山大胸中酣畅淋漓且无穷无尽的活力和热情。亚历山大从小就在父亲组建的马其顿步兵方阵的杀气中长大，16岁便随父亲南征北战，在凯洛尼亚战役中起到了重要作用，年纪轻轻就展示出惊人的意志力和卓越的智慧。每当父亲又征服了一个地区，亚历山大不为之喜悦反而为之忧愁，他怕父亲把所有的功绩占尽，不给他留一点儿建功立业的机会。即使晚上睡觉时，亚历山大也要把剑压在枕头下面，象征自己的军事决心。

亚历山大的性格中也有多情温柔的一面。人们都说他长了一对能融化人的眼睛。他享受沉浸艺术之中的喜悦，优美的诗篇、动人的乐章都能让他忘我陶醉。少年时代，亚历山大尤其喜欢弹奏竖琴。只是后来受到父亲的嘲笑，他就再也不碰竖琴。再后来，为了坚定自己征服世界的信念，他只听军乐，其他曲子一律被他隔绝。

他其实是个敏而好学的学生，有着强烈的求知欲。只是因为政务繁忙，不得不放弃专注深入思考的时间，他常常悔恨自己不能成为一个思想家。他曾对老师表达过这种遗憾，他宁愿在渊博的学识上取胜于人，而不是靠权力统治别人。但在20岁登基后，他再也没有闲暇接受教育，不得不全神贯注于战争与国政。他虽然能言善辩，但只要离开军政话题，他就错误百出。

尽管如此，亚历山大依然凭借非凡的军事天才和政治能力留名青史。雅典、斯巴达和底比斯数百年来梦寐以求的事情——统一希腊半岛，亚历山大仅用一年时间就漂亮地完成了。他因此又多了一支希腊联队，增加了他征服波斯的底气。

【相关链接】

亚历山大与奥林匹娅斯

奥林匹娅斯的个性专横独断又神秘，而且喜欢与蛇共眠，腓力二世深恐她带坏亚历山大，对她很是厌弃。但实际上，亚历山大和母亲的关系十分亲密，远征期间亚历山大常常会写信给母亲叙述见闻。传说亚历山大在埃及西华沙漠阿蒙神殿亲眼看过某种奇特的事，但他又绝口不提，只愿意写信告诉母亲。信件后来失传了，所以亚历山大到底看到什么就成为一个谜团。

铁蹄踏碎底比斯

每一位帝王的死都会给敌人一个可乘之机。像腓力二世刚继位时就面对着烂摊子一样，亚历山大继位时，马其顿也面临着复杂的形势。随着腓力二世的死讯传向各地，北边色雷斯和伊利里亚部落发动叛乱，弗西斯、阿卡纳尼亚等地也不再忠于马其顿，他们将城中驻守的马其顿卫军赶到边境之外。更嚣张的是，阿尔塔薛西斯三世宣称是他派人谋杀了腓力二世，雅典的德摩斯梯尼戴上花冠庆祝马其顿即将灭亡。在马其顿内部，甚至还有一些团体，丝毫没有把亚历山大放在眼里，正准备刺杀这个乳臭未干的年轻国王。

面对马其顿的内忧外患，亚历山大展现出无比的魄力。他先平定了内乱，将不忠于他的贵族斩首或流放，稳固了统治根基。

随后，亚历山大赶赴科林斯参加了泛希腊会议。除了未到场的斯巴达依旧不肯臣服，其他城邦都承认了他的统治地位。雅典向他表示歉意，赠给他两顶王冠，对他的尊奉如同神明。亚历山大的愤怒终于平息，他宣布废除希腊各地的独裁统治，各邦按照自己的法律自由发展。希腊人答应亚历山大，会在他征伐亚洲时提供兵力和财源的支持。

回国后，亚历山大又出兵镇压了色雷斯和伊利里亚等北方部族的反叛势力。他以旋风般的速度，把军队带到了现在的布加勒斯特，把军旗插在多瑙河北岸。此后，一旦有伊利里亚人向马其顿进军，他就前进200英里越过塞尔维亚，突袭入侵者后方，把他们赶回自己的领地。

此时，一个谣言震动了全希腊，据说亚历山大已经在多瑙河畔阵亡了。德摩斯梯尼立刻号召人们为自由而战，并名正言顺地接受了波斯的援助经费。随后，底比斯率先反抗，杀死了亚历山大驻留当地的马其顿官员，并包围了驻守在扎卡特米亚的马其顿部队。雅典支援底比斯，并动员希腊其他城邦和波斯一同加入反马其顿联盟。

对于刚刚给予希腊发展自由的亚历山大来说，希腊简直忘恩负义。他立即率领疲惫的军队直入希腊。13天后，亚历山大如天神般出现在底比斯城，要求底比斯立刻投降，遭到底比斯拒绝。亚历山大在震怒之中发起猛攻，不日便将底比斯城全部拿下。

亚历山大把底比斯的命运交付给普拉提亚、弗西斯等地人民。按照他们的意愿，底比斯被夷为平地，所有的建筑都毁于一旦，所有的居民被卖为奴隶。亚历山大唯独放过了诗人品达的旧居，也饶恕了教士和女祭司，以及少数能够证明自己确实曾反对底比斯叛乱的人。后来，亚历山大对自己当时残酷决绝的手段表示懊悔，表示将毫不犹豫地答应底比斯人的任何要求。

相比之下，雅典要幸运得多。亚历山大原谅了它的背叛，也没有强迫雅典领导人一定要向马其顿投降。也许是因为他敬爱的老师亚里士多德来自雅典，也许是因为雅典文明的繁荣让人叹为观止。亚历山大一生都对希腊保有尊敬和爱护。他把薛西斯从雅典夺走的雕像重新运回雅典，也把自己从亚洲夺得的战利品供奉在雅典卫城。一次，亚历山大在一场艰苦战斗结束后，对雅典感叹道：雅典人啊，你们可曾知道，为了获得你们的赞美，我经历了多少艰辛？

【相关链接】

诗人品达

品达生于底比斯城附近的贵族家庭，少时学习音律，求学于雅典，与雅典的很多名士都有密切交往。他认为诗歌能使子孙后人铭记先辈的光荣业绩。他的诗庄重严谨，辞藻华美，被后世认为是古希腊首屈一指的抒情诗人。80岁时，为了回避雅典动荡的思潮，他隐居故乡底比斯，在那里终老。品达死后，雅典人用公款为他建了一座雕像，罗得斯人将他歌颂罗得岛的诗刻在庙墙上。当亚历山大准备将底比斯夷为平地时，他特地嘱咐手下士兵，千万不能让品达住过的那座房子受到半点损坏。

一个世界容不下两个大帝

古希腊世界再次被马其顿平定统一，亚历山大壮大了自己的力量。拥有希腊军队之后，他征服波斯的计划也即将开始。和他的父亲一样，亚历山大打着替天行道的名义——为了给希腊复仇，发动对波斯的战争。尽管波斯帝国依然与希腊争夺着东地中海的霸权，但这个国度已经暮气沉沉，日益衰落了。

临行时，为了激励自己背水一战，亚历山大把自己大多数的土地和财产都送给了好友。他不放心希腊的未来局势，又派重臣安提帕特和部分军队留守国内，时刻观察希腊各邦的动向。

公元前335年，亚历山大率马其顿几位重要将领和3.5万大军，从都城佩拉出发，穿越色雷斯，浩浩荡荡跨越赫勒斯滂海峡。船靠岸后，亚历山大第一个登上了亚洲大陆。那里恰好是特洛伊遗址，亚历山大将长矛立在地上，向战神雅典娜祭拜，又向祖先阿喀琉斯的陵墓献上花环。他立誓要与阿喀琉斯取得一样的功绩。

听到亚历山大登陆的消息后，波斯驻小亚细亚的3位总督召集了两万骑兵，在格拉尼卡斯河口迎战马其顿，同行的还有梅农统率的希腊雇佣军。格拉尼卡斯战役是波斯和马其顿军队之间第一次正面、全面对抗。

具有远见卓识的梅农提出拉长战线，以消耗马其顿的兵力。但是波斯总督没有理睬他的建议，反而认为敌寡我众的情况下应该迅速打败敌人。波斯总督的战术没有奏效，反而给己方军队带来了祸患。在战斗中，亚历山大身先士卒杀死了两位总督，自己的头盔也被敌人打落在地。有一个波斯人从背后刺向亚历山大，危急时刻，克拉杜斯砍断那个波斯人的手臂救了他一命。士气低沉的波斯军惨败于格拉尼卡斯。2000多名希腊雇佣军都被虏为奴隶，这是亚历山大对他们背叛行为的惩罚。

亚历山大只用这一场战役就征服了小亚细亚，其他城邦一方面惧怕马其顿的威力，一方面也不满波斯的统治，所以纷纷不战而降。只有米利都和哈利卡纳苏斯两个城邦誓死抵抗。梅农率领雇佣军守在哈利卡纳苏斯，依他的谋略，原本计划率舰队攻击马其顿和欧洲的路线，并再次动员希腊联盟反对马其顿。但不幸的是，他不久便于战斗中阵亡了。最后，这两座城市也被降服。至此，小亚细亚都归在马其顿的版图之下。

这次战役后，亚历山大发现波斯有一个绝对优势，就是拥有一支强大的舰队。这说明亚历山大不但必须避免与波斯在海上交锋，而且还面临着随时被这支舰队切断供给线的危险。很多人都觉得除非达到雅典海军最辉煌时的实力，否则马其顿是打不过波斯海军的。可亚历山大充分发挥了陆地优势，发起了一次釜底抽薪的打击——沿海岸线对地中海东岸的波斯港口进行远征。他从土耳其出发，一路南下，在攻击叙利亚、巴勒斯坦之后，直抵埃及。波斯港口是其舰队的补给源，如今都被亚历山大所占领，舰队找不到任何栖息地，对亚历山大的威胁也就不攻自破了。

尽管马其顿海军在漫长的南征北战中起到的作用微乎其微，但亚历山大用智慧的谋略消除了波斯舰队的威胁。这也为后世的军事家们提供了借鉴：海港相当于舰队的根基，与其直面强大的海军势力，不如直捣它的巢穴。这还成为后人打击海盗最直接最有效的手段。

波斯皇帝大流士三世识破了亚历山大的计谋，他亲自率军追击亚历山大。双方在叙利亚的伊苏斯相遇了。《亚历山大远征记》中说这次战役波斯派出60万大军，也许是个虚指，但波斯军队人数在马其顿的数倍以上是毫无疑问的。不过，亚历山大的战争从来不靠数量取胜，他以骑兵攻击、步兵防御的战略击溃波斯大军。大流士落荒而逃，甚至顾不上财产和家人。他的钱财被没收，但他的母亲、妻子和儿女受到亚历山大的保护。

逃跑的皇帝大流士退到两河流域，在那里给亚历山大写信，希望通过谈判赎回家属。亚历山大对他的求和嗤之以鼻。不久，大流士又表示愿意把女儿嫁给亚历山大，并割让土地给马其顿。亚历山大当然不会满足于那点儿土地，他要的是全亚洲，甚至是全世界。

此后的两年中，亚历山大完成了对埃及的征服，进而北上攻击波斯帝国的心脏。在公元前331年的秋天，马其顿与波斯在亚述故国都城附近的高加米拉展开决定性会战。亚历山大率领4万步兵和7000骑兵，大流士则几乎搬出了波斯帝国所有部族的几十万兵力。然而大流士的兵力再多，也只是反衬出亚历山大部队的骁勇强大，波斯军这群乌合之众的溃败似乎毫无悬念。大流士胆战心惊，再次逃跑。无数波斯士兵被马其顿大军歼灭。

亚历山大乘胜向东推进，于次年洗劫了古都巴比伦、波斯都城苏萨等地，夺得无数财宝。他下令烧毁波斯波利斯王宫，将整座城毁灭殆尽。波斯帝国至此宣告灭亡。

【相关链接】

大流士三世之死

亚历山大并没有在乱军之中亲自杀死大流士三世。倒是波斯总督贝索斯认为这个皇帝太懦弱，暗杀了企图再次奔逃的大流士三世，自立为王。贝索斯后来被亚历山大的手下抓获，亚历山大以“为伟大的国王复仇”的名义用极刑处死贝索斯。他还将大流士三世的遗体送回波斯波利斯安葬，以示敬意。

埃及迎来神之子

埃及人从来没有真正服从于波斯。在公元前5世纪到公元前4世纪的埃及历史上，写满了埃及人的一次次起义和波斯的一次次镇压。马扎西斯是埃及的最后一位波斯总督。埃及人恨透了波斯的压迫统治，日日盼望自由的来临。马扎西斯在这里虽代表波斯管理埃及，但不得民心，受到孤立，眼见波斯败于马其顿铁蹄之下，也指望不上大流士三世的援助，心中忧虑难当。

伊苏斯战役得胜后，亚历山大再次放弃追击，南下攻击腓尼基人的沿海城市。他的威望使大马士革和西顿和平归顺，但并不是所有的城市都愿意求和妥协。在推罗，亚历山大遇到了顽固的抵抗。推罗人依仗岛国的防御工事，拒绝亚历山大进城祭祀赫拉克利特的请求。亚历山大围困推罗足足7个月才攻陷了它。推罗得到了与底比斯一样的下场：8000居民被屠杀，12000人被贩卖为奴。而乖乖投降的耶路撒冷就受到了较好的待遇。加沙总督奋战到最后，至死忠于大流士三世，也一样没能逃出亚历山大的股掌。

亚历山大扫清了征服亚洲的一系列障碍，波斯的海军基地和腓尼基舰队一同掌握在他的手中。当他来到古老的国度埃及时，波斯总督认清形势，立即投降。人们打开城门，热烈欢迎亚历山大的到来。我们已经了解了亚历山大对文明的仰慕，他对埃及百姓的热情喜出望外，很愿意采取怀柔政策。

为了进一步赢得埃及人的拥护，亚历山大对埃及神表现出了高度的崇敬，因为在这里，宗教的力量远远大于政治的力量。亚历山大在名城孟菲斯庆祝自己的胜利，并举行了希腊史竞技赛，祭拜了宙斯。在埃及，圣牛阿比斯是孟菲斯诸神和其他埃及神在人世的化身。所以，亚历山大当众对圣牛表示敬意，得到了人们的信任和好感。

随后，亚历山大越过沙漠来到西瓦绿洲，这里坐落着一座希腊人资助而建的阿蒙神庙。祭司们热情款待亚历山大，按照古代仪式加冕他为埃及法老。阿蒙是埃及的最高神，亚历山大被祭司尊称为“神之子”。希腊人把阿蒙与宙斯等同起来，所以，亚历山大就将自己看作“宙斯之子”，也呼应了他出生之前的种种不凡之兆。

在西瓦之行中，亚历山大在尼罗河三角洲精心选址，决定建一座新城。荷马史诗中曾提到奥德修斯来过这里。当然，这里更是将来扩展埃及与希腊贸易往来的重要运输港。这座城借它的创建者之名被命名为亚历山大里亚，后来成为全世界最繁华的城市之一。

在埃及留驻6个月之后，亚历山大北上征服了波斯帝国。但他的远征还没有止步，马其顿大军一路向东。在中亚细亚和高加索一带与当地部落展开持久征战，最终击败了巴克特里亚，亚历山大迎娶了该国公主罗克珊。

公元前327年，亚历山大怀着好奇心翻越喜马拉雅山脉，进入了印度，但是随他征战多年的将士们已经不愿再前进了。在击败印度国王波罗斯王之后，亚历山大宣布向恒河进军。尽管他发表了自认为激动人心的动员演说，但面对每个人的沉默，他不得不决定班师回朝。

一路上千辛万苦，亚历山大大军终于回到波斯都城苏萨。在那里，为了促进各民族的融合，他举行了一场盛大的集体婚礼。亚历山大迎娶了大流士三世的女儿，他的将士也与亚洲女子结合成婚。一万名与亚洲女子结婚的士兵都得到了亚历山大赏赐的礼物。他还包容波斯人的风俗传统，说服了心怀不满的士兵维护马其顿帝国各族的团结。

他建立起一个庞大的马其顿帝国，将首都从佩拉转移到巴比伦，并将治理权分别授予马其顿人、希腊人和波斯人。亚历山大不仅是一个征服者，还创立了一个世界观念。有军事家说，他是希腊这片满足于小国寡民的土地上第一个具有世界思想的君主。他用自己的行动改变了马其顿人和希腊人对世界的认知。

【相关链接】

亚历山大未竟的事业

公元前323年的春天，亚历山大回到首都巴比伦。他接见了一系列前来祝贺的欧亚使团，并为自己制定了下一个征服目标——阿拉伯。他说阿拉伯人从来没有向他表示过敬意。而且，他对这个世界充满了好奇和渴望。在印度期间，他曾派人沿着波斯人的足迹顺印度河而下找到入海口，进入波斯湾，并绘制了沿海地图。他还想去里海探险，想知道它究竟是一个湖泊还是一片汪洋。制订这些计划时，亚历山大一定没有料到自己将不久于人世。

这年6月，亚历山大突然染上恶性疟疾，连年征战的紧张生活和体力衰竭让他无力抵抗病魔的侵扰，不满33岁的亚历山大离开了他一手创建的帝国。

【专题】一个人等于一本百科全书

柏拉图的阿卡蒂姆斯学园建成的第20个年头，走进了一位风华正茂的17岁少年。那时，柏拉图已过六旬，他还没有发现自己的学园中将诞生一颗璀璨的哲学之星。这就是未来的“学园之魂”亚里士多德。在这片远离世俗烟火的山野学园中，一切都显得波澜不惊，它正悄悄地为一位天才学者搭建着展示才华的舞台。

亚里士多德出生在色雷斯的斯塔基拉城，这里是古希腊的一块殖民地，毗邻马其顿国。亚里士多德的父亲曾是马其顿王国的宫廷御医。公元前366年，亚里士多德来到雅典跟随柏拉图学习，直到柏拉图去世，他在这里一住就是20年。

在与柏拉图相处的日子里，亚里士多德习得了丰富的知识。柏拉图从不以师道自恃，他用言行和思想潜移默化熏陶他身边的优秀弟子。亚里士多德尽管是柏拉图的弟子中最有名的一个，但他并非柏拉图思想彻底的继承者，他们之间有很多分歧。亚里士多德在学习中保有独立的思考，并融会贯通，建立起自己的思想体系。

在学习方式上，柏拉图注重思辨，而亚里士多德更喜欢阅读，他广泛涉猎，不放过任何知识门类，还为自己建了一个图书室。柏拉图为此说他是个书呆子，亚里士多德则说，知识不会随柏拉图一同死亡。这两位学问的探求者尽管道路各异，但在坚持追求真理上都达到了无人企及的高度。柏拉图对艺术抱有庄严凝重的神圣感，亚里士多德则着迷于一切自然现实中的条理规律。

柏拉图去世后，亚里士多德离开学园，先后去了小亚细亚和马其顿王国。当他最著名的学生亚历山大继承王位后，他又离开马其顿，重新返回雅典，受到很多贵族和将士的厚待。他们为亚里士多德提供大量的金钱和土地资源，亚历山大更是大力支持老师的事业，由此，亚里士多德得以创建自己的学园，以阿波罗神殿附近的吕克昂为之命名。

吕克昂学园也坐落在一片宽阔的园林场地上，舒适怡人。这里有当时最丰富的植物园和图书馆。亚里士多德并不采用柏拉图演讲与辩论的授课方式，在学园幽静的林荫小路上，他和学生们一边散步一边聊着自己对某个问题的见解。于是，后人也把亚里士多德学派称作“逍遥派”或“漫步派”。

亚里士多德对世间万物的本质都感到好奇，又喜欢接触新鲜事物。所以，他不只精通哲学和数学，而且几乎研究了当时能够接触到的所有学科，比如解剖学、医学、动植物学、地质学、气象学、心理学、政治学、逻辑学、美学、形而上学等诸多领域。几乎对每个领域，他都做出了有价值的贡献。他用授课之余的时间撰写了170多种著作，目前流传下来的就有47种。

亚里士多德是形式逻辑的创始人，也是第一批用科学解释世界的学者，是少有的能将渊博的知识储备融汇于一个庞大复杂而有条不紊的体系当中的人。

亚历山大在整个马其顿境内下令，凡是猎手或渔夫捕获到稀奇古怪的动物，都要交给亚里士多德。亚里士多德时常带领学生在学园里解剖各种动物。经过无数次实践调查，他们发现，越是经过高级进化的动物，其生理结构就越是复杂。

研究物理学时，亚里士多德提出了一个著名的理论：两个铁球从同一高度落下，质量大的先着地。当然，这是个错误的论断。不过直到亚里士多德提出该理论2000年后，才出现年轻的伽利略将这一权威论断推翻。尽管如此，亚里士多德依然为后世的科学做出了不可磨灭的贡献。

公元前323年，亚历山大病故，雅典人希望借机摆脱马其顿的统治。亚里士多德因为做过亚历山大的老师而受到牵连，有人向他发起攻击，指责他不敬神。历史总是重复上演的。当年苏格拉底的罪名之一也是不敬神。亚里士多德的学生听说雅典政府要逮捕老师，就护送亚里士多德离开雅典，躲避到加尔西斯。他的学园也交给了学生狄奥弗拉斯图掌管。亚里士多德再没能回到雅典，第二年夏天就病逝了，终年62岁。

亚历山大的东征结束了希腊世界的分散状态，而希腊在精神上也结束了一个时代——思考整体世界的时代。亚里士多德是最后一位用整体宏观的视角观察世界、思考世界的哲学家。他离世后，雅典兴起了具体分析式的哲学，而希腊其他地区的哲学刚刚起步。

在科学还处于混沌状态的时代，亚里士多德就像手持火种的普罗米修斯，用他敏锐的目光、犀利的思想和严谨的手笔给世界描绘出一幅完整体系，堪称古希腊的百科全书。

参考文献

[1]（古希腊）荷马. 荷马史诗·伊利亚特[M]. 罗念生，王焕生译. 北京：人民文学出版社，1994.

[2]（古希腊）荷马. 荷马史诗·奥德赛[M]. 王焕生译. 北京：人民文学出版社，1997.

[3]（德）斯威布. 希腊的神话和传说[M]. 楚图南译. 北京：人民文学出版社，1959.

[4]（古希腊）赫西俄德. 工作与时日·神谱[M]. 张竹明，蒋平译. 北京：商务印书馆，1991.

[5]（英）尼古拉斯·杜马尼斯. 希腊史[M]. 屈闻明，杨林秀译. 上海：东方出版中心，2012.

[6]（英）保罗·卡特里奇. 剑桥插图古希腊史[M]. 郭小凌等译. 济南：山东画报出版社，2005.

[7]（美）萨拉·B·波默罗伊等. 古希腊政治、社会和文化史[M]. 傅洁莹，龚萍，周平译. 上海：上海三联书店，2010.

[8]（美）威尔·杜兰特. 世界文明史希腊的生活[M]. 台湾幼狮文化译. 北京：华夏出版社，2012.

[9] 白海军. 光荣希腊[M]. 上海：上海辞书出版社，2011.

[10] 吴于廑. 古代的希腊和罗马[M]. 北京：生活·读书·新知三联书店，2012.

[11] 弓健，郭文钠. 古希腊密码[M]. 北京：北京联合出版公司，2013.

[12]（英）保罗·卡特利奇. 斯巴达人：一部英雄的史诗[M]. 梁建东，章颜译. 上海：上海三联书店，2010.

[13]（英）保罗·卡特利奇. 亚历山大大帝：寻找新的历史［M］. 曾德华译. 上海：上海三联书店，2010.

[14]（美）维克托·戴维斯·汉森. 独一无二的战争：雅典人和斯巴达人怎样打伯罗奔尼撒战争［M］. 时殷弘译. 上海：上海人民出版社，2013.

[15]（法）裘利亚·西萨，（法）马塞尔·德蒂安. 古希腊众神的生活［M］. 郑元华译. 上海：上海人民出版社，2008.

[16]（美）依迪丝·汉密尔顿. 希腊的回声［M］. 曹博译. 北京：华夏出版社，2012.

[17]（美）依迪丝·汉密尔顿. 希腊精神［M］. 葛海滨译. 北京：华夏出版社，2012.